Weitere Titel der Autorin:

Hundherum glücklich
Liebe in echt
Lilo auf Löwenstein: Ab ins Schloss
Lilo auf Löwenstein: Ponyzähmen leicht gemacht
Lilo auf Löwenstein: Nichts für Feiglinge
Natural Born Chillers
Strandgut
Wen küss ich und wenn ja, wie viele?
Wenn das Leben dich nervt, streu Glitzer drauf
Wenn Liebe die Antwort ist, wie lautet die Frage?
Wer liebt mich und wenn nicht, warum?
Wolke 7 ist auch nur Nebel

Mara Andeck

Schöne Aussichten

Mein Buch von den Bergen

Lübbe

BASTEI LÜBBE TASCHENBUCH
Band 60987

Dieser Titel ist auch als E-Book erschienen

Originalausgabe

Satz und Gestaltung: www.lenaellermann.de
Gesetzt aus der TheSerif
Druck und Verarbeitung: CPI books GmbH, Leck – Germany
Printed in Germany
ISBN 978-3-404-60987-1

5 4 3 2 1

Sie finden uns im Internet unter www.luebbe.de
Bitte beachten Sie auch: www.lesejury.de

FSC
www.fsc.org
MIX
Papier aus verantwortungsvollen Quellen
FSC® C083411

Inhalt

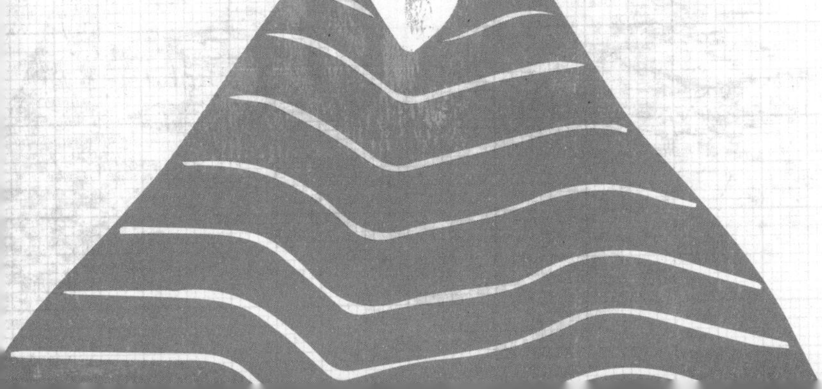

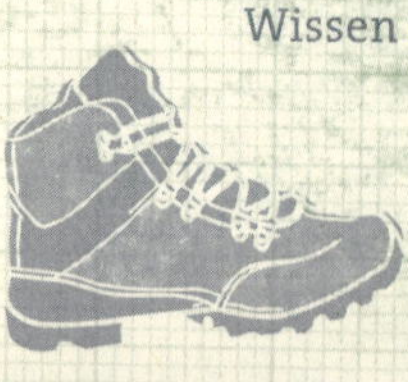

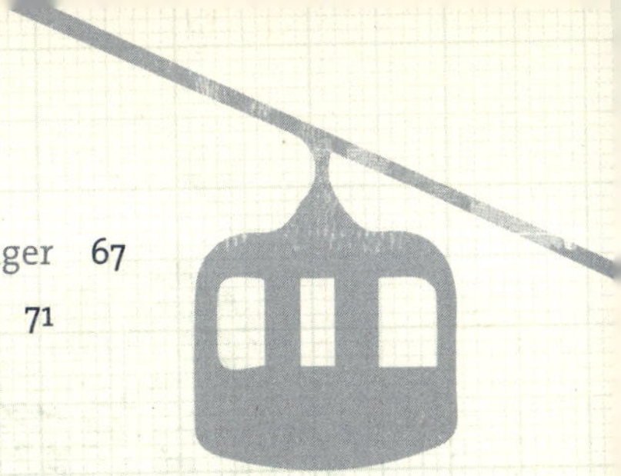

Mit den Füßen auf Felsen dem Himmel ganz nah

Hinter mir ein Gipfelkreuz. Vor mir Berge mit Zacken und Zinnen, Kanten und Klüften, um mich herum Wolken, Weite und Wind. Meine Füße stecken felsenfest in klobigen Stiefeln, meine Gedanken sind frei und leicht. Unten im Tal war ich noch bett- und erdenschwer. Jetzt habe ich das Gefühl, fliegen zu können. Selten war ich so glücklich wie jetzt, in dieser schwindelerregenden Weite.

Es gibt da diesen Spruch: Andere gehen in Therapie, ich geh in die Berge. Da ist was dran. Nirgends kann man so viel über sich selbst, seine Mitmenschen und das Leben lernen wie in den Bergen. Hier *sieht* man Natur nicht nur, hier fühlt man sie: Sonne auf der Haut, Wind im Haar, Steine unterm Schuh, Schweiß auf der Stirn, Blut, das beim Aufstieg in den Schläfen pocht, Ziehen in der Beinmuskulatur. Und dann eiskaltes Quellwasser zum Kühlen von Gesicht und Händen. Kuhglocken bimmeln von fern. Es riecht nach Kräutern und Heu. Plötzlich hat man ganz viel Kraft.

„Erklimme die Berge und spüre die gute Energie“, riet schon vor hundert Jahren der schottische Naturforscher John Muir. „Der Friede in der Natur wird in dich fließen wie der Sonnenschein, der die Bäume nährt. Der Wind wird dich erfrischen, der Sturm dich mit Kraft erfüllen, und alle deine Sorgen werden abfallen von dir wie Herbstblätter.“

Große Worte mit viel Pathos. Aber hier oben auf dem Berg kommen sie mir plötzlich fast zu klein vor.

Ich lehne mich ans Gipfelkreuz und lasse meine Gedanken ziehen, wohin sie wollen. Wie sind diese Berge eigentlich entstanden? Und wie stark verändern sie sich noch heute durch Schnee und Eis, Wetter und Wind? Was sind das für Wolken? Bedeuten sie gutes oder schlechtes Wetter? Kann man so etwas sehen? Und diese Quelle da hinten: Wie kommt eigentlich all das Wasser auf den Berg?

Dort drüben, auf dem Stein, ist das ein Murmeltier? Warum leben die in Felswüsten, wo man sie leicht entdecken kann, und nicht sicher und geschützt im Wald? Und wie ist das mit den Menschen? Seit wann leben sie in felsigen Höhen?

Apropos Menschen: Was wollte Ötzi auf dem Berg, bevor er vom Gletschereis für Jahrtausende konserviert wurde? War er ein Eremit? Wie überleben Eremiten überhaupt in Bergeinsamkeit? Und was lebt sonst noch in Höhen, die nie ein Menschenfuß betrat? Yetis? Zwerge? Wolpertinger?

Und dann stelle ich mir eine ganz alltagspraktische Frage: Die Kühe da unten, die sich um den Weg gruppieren, auf dem ich gleich ins Tal hinabsteigen will – sind die eigentlich gefährlich?
Ich beschließe, mir all diese Fragen zu merken, Antworten zu finden und ein Buch darüber zu schreiben. Kein Ratgeber für Bergsteiger, die sich auf Gipfeltouren vorbereiten und für Höchstleistungen stählen wollen, soll das werden, sondern ein Buch für Bergliebhaber, die gern auch gedanklich verschlungene Wege gehen. Ein Buch zum Träumen. Zum Einstimmen auf eine Auszeit in unberührten Bergwelten. Zum Sammeln von Wissen, um in Bergferien eigene Fragen und auch Kinderfragen beantworten zu können. Und um gedanklich schon in höchste Höhen schweifen zu können, wenn man noch fest in den Tiefen des Alltags steckt. Denn auch wer geistig Berge erklimmt, bekommt einen besseren Überblick über die Welt.
Ja, denke ich, das mach ich. Falls ich heil an diesen Kühen vorbeikomme ...

Geschafft. Hier ist das Buch.

Teil 1

Im Tal

„Froh bin ich, wieder einmal in Gebüschen, Wäldern, unter Bäumen, Kräutern, Felsen wandeln zu können, kein Mensch kann das Land so lieben wie ich. Geben doch Wälder, Bäume, Felsen den Widerhall, den der Mensch wünscht.“

Ludwig van Beethoven

Ganz unten, was heißt das eigentlich?

Wenn es mit einem Mitmenschen bergab geht, sollte man dringend handeln. Auch bei Aktien ist eine steile Talfahrt nichts Gutes. Und wer stimmungsmäßig ganz unten ist und tiefe Täler durchwandert, ist auch vom Tal der Tränen nicht mehr weit entfernt. Rein sprachlich betrachtet sind Täler also negativ belegt. Kein Wunder, dass es vor allem Bergliebhaber gibt und nur ganz selten Talliebhaber.

Damit tut man den Tälern aber mehr als unrecht. Das letzte Ziel jeder Bergtour ist schließlich weder der sprichwörtliche Weg noch der anvisierte Berg. Genau genommen geht es beim Bergwandern allein um die gesunde Rückkehr. Erst im Tal ist man über den Berg, hat es also geschafft.

Natürlich hat man im Tal nie den Weitblick, den Gipfel bieten. Aber von unten betrachtet wirken Berge noch viel gewaltiger und majestätischer als von oben. Und nirgends ist die Natur saftiger, grüner und vielfältiger als in einem sonnigen Hochtal, nirgends findet man mehr Spuren der Geschichte und auch mehr interessante Geschichten. Lauter gute Gründe also, nicht nur eine Bergwanderung, sondern auch ein Bergbuch im Tal beginnen zu lassen. Quasi an den Wurzeln, bei den Basics. Und da bietet sich die Frage an: Was ist überhaupt ein Berg?

Wann ist ein Berg ein Berg?

„Berge sind stille Meister und machen schweigsame Schüler", das hat Johann Wolfgang von Goethe einst geschrieben.
„Berge sind groß, und deswegen besteigt man sie mit Bedacht", dieser kluge Satz stammt von dem chinesischen Philosophen Han Fei.
Und der Schriftsteller John Ruskin wusste vor rund einhundertfünfzig Jahren: „Berge sind der Anfang und das Ende aller natürlichen Landschaft."
Ja, schon. Aber besonders umfassend sind diese Zuschreibungen nicht. Wie ist das eigentlich ganz genau? Ab welcher Höhe darf man einen Hügel mit Fug und Recht Berg nennen? Und: Braucht eine Landschaftserhebung dafür auch eine bestimmte Form? Eine exponierte Lage? Eine definierte Beschaffenheit? Oder muss ein Berg einfach nur auf jemanden warten, der ihn irgendwann offiziell dazu ernennt?
Ein Kinofilm aus dem Jahr 1995 trägt den sperrigen Namen *Der Engländer, der auf einen Hügel stieg und von einem Berg herunterkam*. Er handelt von zwei Landvermessern, die den Bewohnern eines walisischen Dorfes im Jahre 1917 leider eröffnen müssen, dass der Stolz der Dörfler, der nahegelegene Hausberg Ffynnon Garw, in Wahrheit nur ein Hügel ist. Die für Berge angeblich erforderliche Höhe von tausend Fuß erreicht er nämlich ganz knapp nicht. Das spornt die Dorfbewohner an, und sie sorgen dafür, dass der Ffynnon Garw wächst.

Gibt es eine solche offizielle Berghöhe wirklich? Tausend Fuß, das wären umgerechnet knapp 305 Meter. In den Alpen, wo sich Viertausender an Viertausender reiht, wäre ein solcher Berg winzig. Aber der Wilseder Berg in der Lüneburger Heide zum Beispiel müsste nach dieser Definition seinen Namen abgeben. Er ist nur 160 Meter hoch.

Tatsächlich gibt es keine offizielle Höhengrenze, die einen Berg zum Berg macht. Und es ist auch egal, ob er aus Sand, Fels oder Müll besteht, ob er kugel- oder kegelförmig, spitz oder flach ist. Entscheidend sind drei Kriterien, die von Wissenschaftlern bei der Klassifizierung von Bergen herangezogen werden. Und die klingen fast, als könne man damit sogar menschliche Urgesteine aus einer Ansammlung markanter Köpfe herauskristallisieren. Diese Kriterien heißen nämlich Dominanz, Prominenz und Eigenständigkeit.

Dominanz, damit ist der Radius gemeint, innerhalb dessen eine Erhebung in ihrer Umgebung die höchste ist. Die Dominanz eines Berges bezeichnet also seinen Abstand zum nächsten gleich hohen oder höheren Landschaftspunkt. Beim Wilseder Berg heißt das: Er besitzt trotz seiner geringen Höhe eine große Dominanz, denn er überragt sämtliche anderen Erhebungen im Umkreis von hundert Kilometern.

Mit Prominenz ist die Schartenhöhe eines Berges gemeint. Diese Messgröße bestimmt nicht die absolute Höhe des Berges, sie zieht vielmehr seine Umgebung mit ein. Gemessen wird hier, wie viele Höhenmeter man mindestens absteigen muss, um auf einen höheren Berg zu gelangen.

Berg.
Gipfel. Kogel.
Zinne. Kopf. Piz. Spitz
Eck. Horn. Dent. Aiguill
Pic. Mont. Kuppe. Kamm
Picco. Höhe. Corno. Nadel
Punta. Dôme. Stein
Grat. Rücken. Fels. Schneid
Stuhl. Plateau. Sessel. First
Schrofen. Kaute. Pass
Nase. Buckel. Krone. Stein

Ab welcher Schartenhöhe sich eine Erhebung als Berg qualifiziert, wird allerdings regional unterschiedlich gehandhabt. In den Alpen muss ein eigenständiger Berg eine Schartenhöhe von hundert bis dreihundert Metern haben. Hier wäre also selbst der Wilseder Berg unter Umständen noch mit dabei. Im Himalaya allerdings darf's ein bisschen mehr sein, dort benötigen Anhöhen fünfhundert Meter Schartenhöhe, um in Karten als Berg bezeichnet zu werden.
Wenn ein Berg seine nächstgelegene Scharte deutlich überragt, besitzt er zudem eine hohe Eigenständigkeit, also das dritte Kriterium für einen Berg.

Diese drei Kriterien bieten aber nur Anhaltspunkte für die Definition von Bergen, es handelt sich hier nicht um eherne Gesetze. Deshalb gibt es viele Hügel, die weder dominant noch eigenständig sind und trotzdem traditionell den Namen Berg tragen, den ihnen auch niemand nehmen will.

Die Sache mit den Bergbezeichnungen ist aber leider noch viel komplizierter. Denn Berg ist nicht gleich Berg. Es gibt viele Fachbegriffe, die die Form eines Felsens näher beschreiben.

ma.

ubel.

Barre.

ount. Wand.

Hörnle. Joch.

Kofel. Klippe.

Köpfl. Matt. Scharte.

Halde. Platte. Kuppel. Monte.

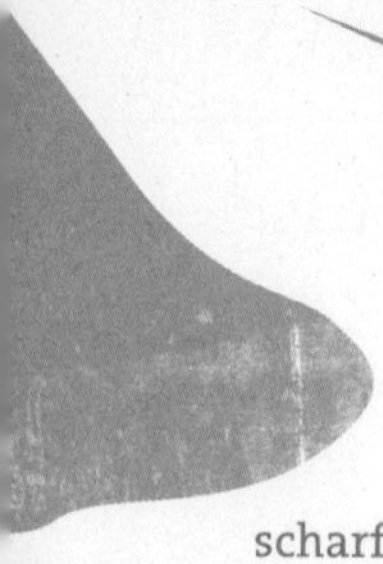
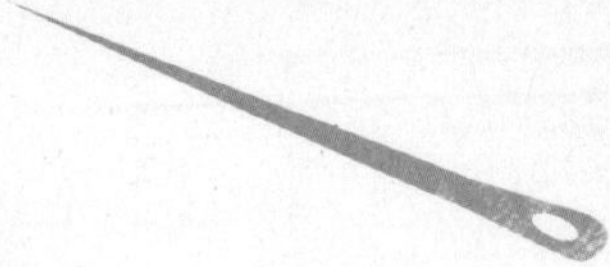
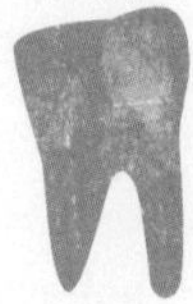

Die meisten erklären sich von selbst. Nase, Spitze, Nadel oder Zahn, so heißen natürlich scharfe, hohe, zackige Gipfel. Kuppen oder Kogel sind abgerundet, Höhen, Alpen oder Stühle abgeflacht. Eine Hochebene nennt man Plateau, eine Einkerbung im Gelände, durch die meistens ein Weg führt, heißt Joch. Almen sind Hochweiden, Mulden nennt man auch Kauten, ein Übergang in ein anderes Tal ist ein Pass. Dann gibt es da noch den Grat, einen scharfkantigen Bergrücken. Mit Schnee bedeckt heißt er Firngrat, und wenn eine Reihe von Gipfeln durch Grate verbunden sind, spricht man von einem Kamm.

Als Gipfel bezeichnet man den höchsten oder markantesten Punkt eines Berges. Manche Berge haben sogar mehrere Gipfel, dann spricht man von einem Hauptgipfel und einem oder mehreren Nebengipfeln, die auch Wintergipfel genannt werden können. Eine Bergspitze benötigt in den Alpen übrigens eine Schartenhöhe von dreißig Metern, um als eigener Gipfel zu gelten.

Na, alles klar? Wenn nicht, macht das nichts. Berge werden schließlich nicht nur klassifiziert, sie besitzen auch Namen. Und die sind ohnehin viel wichtiger.

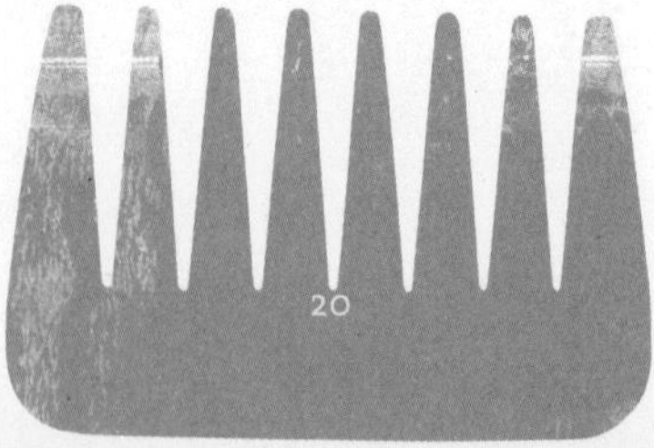

Der Name des Berges

Die wissenschaftliche Erforschung von Bergnamen heißt Oronymie. Ja, das gibt es! Und bei diesem Forschungszweig müssen Namenskundler nur selten weit in die Vergangenheit zurückgehen, denn die meisten Bergnamen sind nicht sehr alt. Nur wenige gehen auf römische und keltische Wörter zurück, einige stammen aus dem Mittelalter, die meisten aber entstanden im 18. und 19. Jahrhundert, weil viele Gebirgsregionen erst ab dieser Zeit bewohnt und erwandert wurden. Die Namensherkunft ist daher häufig noch leicht zu erforschen.

Oft stecken in Bergnamen Hinweise auf die Form oder die Lage des Gipfels. Ein berühmtes Beispiel ist hier das Matterhorn, also genau genommen das „Zermatter Horn". Auch die wirtschaftliche Nutzung eines Berges findet sich häufig in seinem Namen wieder, beim Rosskopf oder der Saualpe beispielsweise. Flora und Fauna der Bergregion spiegeln sich traditionell ebenfalls oft in Namen, etwa beim Mooskopf, dem Gamskofel oder dem Hirschenkogel. Beliebt sind auch Sagengestalten wie beim Bösen Weibele, einem Berg, auf dem angeblich eine Hexe begraben liegt, oder dem Watzmann, der nach einem grausamen König benannt wurde, der dort samt Familie zu Stein geworden sein soll.

Und dann gibt es da auch noch ausgesprochen derbe Bergnamen. Man nimmt an, dass viele nur deswegen so anstößig sind, weil sich die Bergbauern früher heimlich über die

Kartografen lustig gemacht haben, die sie beim Vermessen ständig nach den Namen eigentlich unbenannter Bergspitzen gefragt haben. Da ist dem ein oder anderen eben irgendwann spontan ein Kraftausdruck eingefallen. Und der wurde dann übernommen.

Zauberhafte Bergnamen

Glücksgrat
(Tirol)

Kristallwand
(Hohe Tauern)

Silberhorn
(Berner Alpen)

Goldbergspitze
(Hohe Tauern)

Rosengarten
(Ammergauer Alpen)

Hoher Sonnblick
(Hohe Tauern)

Skurrile Bergnamen

Misthaufen
(Vorarlberg)

Haariger Rücken
(Tirol)

Kackenköpfe
(Allgäuer Alpen)

Großer Hundstod
(Berchtesgadener Alpen)

Kotzen
(Karwendel)

Rammelstein
(Österreichische Alpen)

Arschlochwinkel
(Dachstein)

Taumatawhakatangihangakoauauotama-teaturipukaka-pikimaungahoronukupokaiwhenuakitanatahu
(Neuseeland)

Dieser neuseeländische und übrigens längste Bergname der Welt bedeutet übersetzt:

„Der Vorsprung des Berges, wo Tamatea, der Mann mit den großen Knien, der rutschte, kletterte und die Berge verschlang und der durch das Land reiste, für seine Liebste Flöte spielte“.

Welche Berge passen zu mir?

Tourismuspsychologen wollen schon lange ergründen, wer wann wohin reist. Und vor allem: Warum?

Aber so richtig kommen sie da nicht weiter. Das zeigt eine Studie, die Psychologen an der University of Virginia initiiert haben. Ergebnis der Untersuchung aus dem Jahr 2015: Ins Gebirge reisen vor allem Menschen, die gern allein sind und den Blick eher nach innen richten. Gesellige Urlauber hingegen bevorzugen das Meer.

Klingt erst mal plausibel. In den Bergen gibt es viele einsame Wege, an einem Mittelmeerstrand hingegen muss man Menschen schon mögen. Aber was ist mit den vielen einsamen Strandwanderern an der Nordsee? Und haben die Wissenschaftler schon mal eine Après-Ski-Party in einem Bergdorf erlebt? Oder eine Hüttengaudi im Hochgebirge?

Ganz so leicht ist das menschliche Urlaubsverhalten wohl doch nicht zu ergründen. Ein Reiseziel ist ja auch immer Stimmungssache. Außerdem ist es eine Frage der Entfernung, der Mitreisenden, der Gesundheit oder auch des Geldbeutels. Und nicht zuletzt ist jedes Lieblingsreiseziel auch abhängig von persönlichen Lebenserfahrungen. Ob wir schroffe Felsen, weite Wiesen oder das Meer lieben, diese Vorlieben werden schon in der Kindheit beeinflusst. Sowohl die Region, aus der

wir stammen, als auch Ferienorte, an denen wir in jungen Jahren glücklich waren, prägen das eigene Urlaubsverhalten ein Leben lang. Jeder muss also weiterhin selbst ergründen, wo die nächste Reise hingehen soll.
Und auch wenn die Entscheidung für die Berge dann gefallen ist, ist das optimale Urlaubsziel noch lange nicht gefunden. Denn Berg ist nicht gleich Berg. Sollen es schroffe Grate oder sanfte Hügel sein, grüne Almen oder graue Mondlandschaften, dunkle Tannenwälder oder Olivenhaine? Das muss alles vorab bedacht sein. Deswegen hier ein kurzer Selbsttest:

Welcher Bergtyp bin ich?

Bitte jeweils spontan die Satzergänzung wählen, die am besten zur eigenen Stimmung passt:

1. Wenn ich Sport treibe, fühle ich mich

a) gut, weil ich an meine Grenzen und darüber hinaus gegangen bin.
b) gut, weil ich etwas für meine Gesundheit getan und ein paar Kalorien abgearbeitet habe.
c) gut, weil ich in einem tollen Team Spaß hatte.
d) schlecht, weil ich jetzt außer Atem und völlig fertig bin. Und mies gelaunt.
e) frei, weil ich endlich mal was nur für mich tue.

2. Tiere und Pflanzen

a) gehören zu jedem gesunden Ökosystem.
b) entdecke und beobachte ich gern in ihrem natürlichen Lebensraum.
c) liebe ich sehr und streichele ich gern. Ich habe selbst einen Garten und/oder ein Haustier.
d) schmecken gut!
e) sind für Kinder sehr wichtig.

3. Im Urlaub ...

a) konzentriere ich mich gern auf das Wesentliche.
b) tanke ich Kraft in der Natur.
c) möchte ich etwas erleben.
d) möchte ich mal so richtig faul sein und verwöhnt werden.
e) möchte ich Spaß mit meiner Familie haben.

4. Meinen Alltag vergesse ich am besten, wenn ich

a) mich in einer ganz anderen Welt bewähren muss.
b) unberührte Natur erleben und spüren kann.
c) Neues entdecke.
d) endlich mal machen kann, was ich will, und nicht nur, was ich muss.
e) niemand quengelt und ich deswegen durchatmen kann.

Auswertung

Typ A: Der Hochgebirgstyp

Einsamkeit. Gletscher. Klettersteige. Schroffe Felsen. So sieht die Urlaubswelt des Hochgebirgstyps aus. Diese Urlauber brauchen Herausforderung, Selbstbestätigung, das Kräftemessen mit der Natur. Hochgebirgsfans sind dynamische, dominante Willenstypen und gern auch mal ganz allein unterwegs.

Typ B: Der Mittelgebirgstyp

Lebt bewusst naturverbunden und liebt sanfte Hügel, grüne Wiesen, Kuhglocken und deftige Mahlzeiten. Harte Herausforderungen, scharfe Landschaftskontraste und raue Winde sucht er nicht, Ehrgeiz ist ihm fremd. Im Vordergrund steht der Naturgenuss.

Typ C: Der Abenteuertyp

Muss nicht unbedingt ganz hoch hinaus, sucht vor allem neue Erfahrungen. Die findet er entweder bei neuen Sportarten oder auch gern mal ganz woanders. Berge erklimmt er nicht nur in den Alpen, sondern auch im sonnigen Süden, im hohen Norden, auf einer Insel im Meer oder auch auf der anderen Seite der Welt.

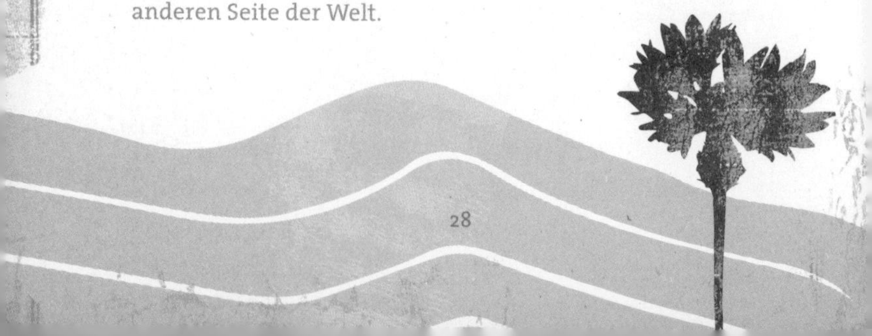

Typ D: Der Panoramatyp

Sucht im Urlaub einen Kraftort zum Auftanken, gern auch mit ein bisschen Luxus. Kann in einem Wellnesshotel mit grandiosem Alpenpanorama, Heubad, Moormaske und abendlichem Menü mit frischen Bergkräutern sehr glücklich werden.

Typ E: Der Familientyp

Sucht Bergaktivitäten für Jung und Alt. Zusammen mit den Kindern Kühe, Ziegen und Esel streicheln, quietschend in eiskalte Bergseen tauchen, mit Seilbahnen auf Berge fahren und auf einer Rodelstrecke gen Tal flitzen, das ist sein Ding. Bergbauernhöfe, Familienhotels und bewirtschaftete Almen sind bevorzugte Quartiere dieses Typs.

Bei jeder Frage ein anderer Buchstabe? Oder nichts davon passt? Macht nichts! Man kann sich seine individuelle „Bergdosis" leicht selbst zusammenstellen. Denn Berge sind auch von unten schön. Oder von Weitem. Man kann über sie hinwegfliegen oder daran vorbeisegeln. Und Berge und Meer sind im Urlaub ohnehin nicht zwangsläufig Gegensätze, sie können sich auch bestens ergänzen. Zum Beispiel in der Serra de Tramuntana auf Mallorca, an einem Strand in einer felsumstandenen Bucht.

Ich will heraus aus dieser Stadt

Ich weiß, dass Berge auf mich warten,
Draußen – weit –
Und Wald und Winterfeld und Wiesengarten
Voll Gotteinsamkeit –

Weiß, dass für mich ein Wind durch Wälder dringt,
So lange schon –
Dass Schnee fällt, dass der Mond nachtleise singt
Den Ewig-Ton –

Fühle, dass nachts Wolken schwellen,
Bäume,
Dass Ebenen, Gebirge wellen
In meine Träume –

Die Winterberge, meine Berge tönen –
Wälder sind verschneit –
Ich will hinaus, mit Euch mich zu versöhnen,
Ich will heraus aus dieser Zeit,

Hinweg von Märkten, Zimmern, Treppenstufen,
Straßenbraus –
Die Waldberge, die Waldberge rufen,
Locken mich hinaus!

Bald hab ich diese Straßenwochen,
Bald diesen Stadtbann aufgebrochen
Und ziehe hin, wo Ströme durch die Ewig-Erde pochen,
Ziehe selig in die Welt!

Gerrit Engelke

Die Heilkraft der Berge

Kristallklare Luft

Bergluft färbt in Johanna Spyris Roman Heidis Wangen rot. Bergluft ist es auch, die Heidis Freundin Klara so kräftigt, dass sie ihren Rollstuhl verlassen kann. Und Bergluft heilt Hans Castorp, den Protagonisten in Thomas Manns *Zauberberg*, von einer Lungentuberkulose.

Die Heilkraft der Berge inspirierte aber nicht nur Schriftsteller. Auch Ärzte glaubten daran. Zu Thomas Manns Zeiten gab es noch keine Antibiotika gegen die gefährlichen Tuberkuloseerreger, und die einzige Chance auf Heilung bestand damals in einer Bergkur. In Sanatorien mussten die Patienten dabei monate- oder sogar jahrelang sechs Stunden täglich unter freiem Himmel auf Liegestühlen ruhen, eingehüllt in warme Decken.

Heute weiß man, dass die historischen Berglufthoffnungen tatsächlich eine reale Grundlage haben. Höhenluft kann definitiv bei einigen Erkrankungen heilend wirken. Das gilt besonders für Atemwegsbeschwerden. Allergiker und Asthmatiker können im Gebirge aufatmen, denn Bergluft ist pollenarm, und ab einer Höhe von 1600 Metern gedeihen Hausstaubmilben und Schimmelpilze schlecht oder sogar gar nicht mehr. Auch Schadstoffe wie Feinstaub gibt es in luftigen Höhen nicht.

Und Bergluft kann noch mehr: Bei einem Aufenthalt in höheren Lagen verlangsamt sich die Pulsfrequenz, und der Blutdruck sinkt. Das schützt das Herz und die Gefäße. Sogar

Cholesterin- und Blutzuckerwerte verbessern sich nach einem dreiwöchigen Aufenthalt in moderaten Höhenlagen. Studien haben außerdem gezeigt, dass der Körper so weit oben vermehrt ein Hormon ausschüttet, das den Appetit zügelt. Viele Urlauber nehmen deswegen in den Bergen ab, und dieser Effekt ist sogar schon nach einer Woche messbar. Ursache für diese positiven Gesundheitseffekte ist die „dünnere“ Luft in den Bergen, die sich ab Höhen von 1000 bis 1800 Metern bemerkbar macht. Wenn der Luftdruck sinkt, wird die Atmung tiefer, die Atemmuskeln kräftiger, der Mensch ruhiger.

Bergluft wirkt daher auf viele Urlauber wie ein Jungbrunnen. Aber Achtung: Ab Höhen von 1800 Metern können sich die positiven Effekte ins Gegenteil verkehren. (Siehe das Kapitel „Höhenkrankheit“.) Und bei einigen Erkrankungen ist Höhenluft sogar Gift für die Gesundheit. Wer an einer chronisch obstruktiven Lungenerkrankung (COPD), einem Lungenemphysem, Lungenhochdruck, Fibrose, Sarkoidose oder an Mukoviszidose leidet, sollte lieber einen Urlaubsort unter 600 Höhenmetern wählen.

Grundsätzlich gilt: Einen Bergurlaub muss man langsam angehen. An den ersten zwei bis drei Tagen ist Schnappatmung aufgrund des Sauerstoffmangels nicht ungewöhnlich, und man sollte dem Körper Ruhe gönnen, bevor man sich an sportliche Höchstleistungen wagt.

Das Prädikat „Luftkurort“ erhalten übrigens nur Dörfer und Städte, die neben besonders reiner Luft auch Kureinrichtungen wie einen Kurpark und ärztliche Versorgung nachweisen können. Wer das alles nicht braucht, muss sich bei der Wahl des Ferienziels nicht auf Luftkurorte beschränken. Auch Nachbarorte ohne diese Infrastruktur besitzen meist eine vergleichbar hohe Luftqualität.

Warum ist die Luft in den Bergen „dünner"?

Oft liest man, Bergluft sei dünner als Luft im Tal, weil sich darin weniger Sauerstoff befinde. Das ist nicht wirklich falsch, aber Physiker jaulen bei dieser Formulierung vor Schmerz auf, weil sie klingt, als sei die Zusammensetzung von Bergluft anders als die von Talluft. Und das ist sie nicht. Tatsächlich gilt: Egal, wie weit man nach oben steigt, überall ist der Anteil von Sauerstoff in der Luft ungefähr gleich hoch, er liegt bei rund 21 Prozent.

Trotzdem steht in höheren Lagen für die Atmung weniger Sauerstoff zur Verfügung. Und das liegt daran, dass Luft in den Bergen eine geringere Dichte hat. Im Klartext: In einem Liter Luft ist dort weniger von allen Molekülen enthalten, also auch weniger Stickstoff, Kohlenstoffdioxid, Argon und andere Spurengase.

Was bedeutet das, eine geringere Dichte? Um das zu verstehen, kann man sich den Luftdruck bildlich als Luftsäule vorstellen: Steht man im Tal, dann drückt eine sehr hohe Säule mit vielen Luftschichten auf genau die Luft, die man gerade einatmet. Durch den Druck dieser Säule wird die Luft komprimiert, also

zusammengepresst. Die Luftmoleküle liegen dann sehr nah beieinander, und bei einem Atemzug erwischt man viele auf einmal, auch Sauerstoff.
Steigt man auf einen Berg, nimmt mit zunehmender Höhe auch der Druck der oberen Luftschichten ab. Die Luft wird dann weniger stark komprimiert, ihre Dichte nimmt ab, das heißt, die Moleküle in der Luft sind jetzt weiter voneinander entfernt. Mit einem Atemzug atmet man also deutlich weniger Sauerstoff ein als im Tal.
Sehr anschaulich kann man die Veränderung der Dichte beobachten, wenn man eine Tüte Chips oder einen Joghurtbecher im Rucksack hat. Im Tal sehen beide noch ganz normal aus. Steigt man auf einen hohen Berg, wölbt sich der Joghurtdeckel, und die Chipstüte bläht sich auf.
Auf einer Höhe von 3500 Metern sind im Vergleich zur Luft auf Meeresniveau nur noch ungefähr 60 Prozent des Sauerstoffs in einem Atemzug enthalten.
Der menschliche Körper passt sich an die veränderte Sauerstoffzufuhr durch einen Vorgang an, den man Erythropoese nennt. Dabei werden rote Blutkörperchen neu gebildet. Und das tut dem Organismus gut, denn die vielen frischen, roten Blutkörperchen geben reichlich Sauerstoff an das Gewebe ab. Wenn man nach einem längeren Bergaufenthalt wieder in tieferen Lagen ist, fühlt man sich deswegen wie neu. Kraftvoll und jung. Und das kann man sogar messen.
Nach drei Wochen Wanderferien in mittlerer Höhe (1000–2500 Meter) verbessert sich der Sauerstoffgehalt im Körper deutlich.

Für die Blutkörperchenbildung braucht der Organismus allerdings Zeit. Deswegen sollte man stets langsam aufsteigen und dem Körper Ruhe zum Akklimatisieren lassen.
Ab 2500 Metern wird die Luft so „dünn", dass der Körper in Stress gerät. Dann kann sich der gesundheitsfördernde Effekt des Sauerstoffmangels ins Gegenteil umkehren und im Extremfall sogar tödlich wirken (siehe das Kapitel „Höhenkrankheit").
Erfahrene Bergwanderer beherzigen grundsätzlich die Regel „tagsüber hoch steigen – nachts tief schlafen". Das bedeutet: Die nächtliche Schlafstätte sollte 300 bis 500 Meter tiefer liegen als der bestiegene Gipfel.

Übrigens: Die Temperatur nimmt in den Bergen pro hundert Höhenmeter ungefähr ein Grad ab, auf Bergen ist es also deutlich kühler als im Tal. Die Erklärung dafür ist physikalisch sehr kompliziert. Vereinfacht könnte man sie so ausdrücken: Im All ist es nicht nur eiskalt, sondern sogar noch kälter. Dort herrschen Temperaturen von etwa minus 270 Grad. Und je höher man steigt, desto weiter entfernt man sich von der wärmenden Erde und desto näher kommt man dieser Kälte.

Höhensonne

Einen Heilungserfolg wie bei Heidis Freundin Klara kann klare Bergluft vermutlich nur im Roman bewirken. Aber ganz undenkbar ist es trotzdem nicht, dass ein Stadtkind wie Klara

auf einer Alp plötzlich von einer Gehbehinderung geheilt wird. Ursache dafür könnte die erhöhte Sonneneinstrahlung dort oben sein.
UV-Strahlung fördert die körpereigene Bildung von Vitamin D und stärkt die Abwehrkräfte. Und ein Vitamin-D-Mangel kann tatsächlich bei Stubenhockern zu Muskelschwäche führen, die ein Aufenthalt in den Bergen dann natürlich heilen würde, weil in luftigen Höhen die Sonneneinstrahlung stärker ist als im Tal.
Wegen dieser definitiv gesundheitsfördernden Wirkung von sonnigen Hochgebirgslagen gab es früher medizinische Geräte mit dem wohlklingenden Namen „Höhensonne". Sie konnten UV-Strahlung erzeugen, und Generationen von Kindern mussten sich damals bei Winterblässe vor solche Strahler setzen.
Heute sind solche Geräte kaum noch im Einsatz. Seit man die gesundheitsschädlichen Folgen von UVA- und UVB-Strahlen kennt, wird Vitamin D bei Mangelerscheinungen in Tablettenform eingenommen. Ein sonnenverbranntes Gesicht gilt heute nicht mehr als gesund und schön, sondern als sichtbares Zeichen eines Strahlenunfalls, vor dem man sich mit Sonnencreme gewissenhaft schützen sollte.
Im Gebirge muss man auf einen höheren Lichtschutzfaktor achten als im Flachland. In kühlen Berglagen spürt man nämlich nichts von der gewaltigen Kraft der echten Höhensonne. Pro tausend Höhenmeter nimmt die Strahlung aber bis zu zwanzig Prozent zu. Und wenn dann noch Schnee oder helles

Gestein die Sonnenstrahlen reflektieren, reichen manchmal schon wenige Minuten für einen zünftigen Sonnenbrand. Unter Lichtschutzfaktor dreißig geht im Hochgebirge also gar nichts, selbst wenn man schon vorgebräunt ist. Und wer wirklich ganz weit hinaufwill, sollte seine Haut abdecken, eine Kopfbedeckung und unbedingt eine Sonnenbrille tragen.

Ob man zu viel Sonne abbekommen hat, merkt man leider oft erst, wenn es schon zu spät ist. Ein Sonnenbrand tritt etwa vier bis acht Stunden nach der eigentlichen Schädigung auf, und sein Höhepunkt ist erst nach vierundzwanzig Stunden erreicht.

Wenn es doch passiert ist: Hände weg von Hausmitteln wie Quark oder Zitronensaft. Stattdessen sollte man die verbrannten Hautstellen kühlen, und zwar sofort. Man nimmt dazu sauberes Wasser, mindestens zehn Minuten lang, besser noch viel länger. Das geht auch mit feuchten Tüchern.

Zum Kühlen sollte man niemals Eis verwenden, die starke Kälte schadet der gereizten Haut zusätzlich. Anschließend cremt man die geröteten Hautpartien mit milder, parfümfreier, nicht allzu fetthaltiger Lotion ein. Gut ist es, wenn die Creme den entzündungshemmenden Wirkstoff Dexpanthenol enthält.

Man sollte nach einem Sonnenbrand außerdem viel trinken und bei großflächigen Rötungen oder Blasenbildung lieber zum Arzt gehen.

Bergkräuter haben raffinierte Überlebensstrategien entwickelt. Um auf den kargen Steinböden des Hochgebirges gedeihen zu können, müssen sie sich auf das Wesentliche konzentrieren. Sie wachsen daher langsamer und bleiben insgesamt kleiner als dieselben Kräuter im Tal. Dafür bilden sie zu ihrem Schutz mehr ätherische Öle und duften intensiver. Heilkräuter aus den Bergen haben deswegen auch eine stärkere Wirkung.
Aber nicht nur Bergpflanzen werden bei Krankheiten gern genutzt. Auch Tierprodukte aus dem Hochgebirge und sogar Mineralien sind als Arznei beliebt. Bei manchen dieser Produkte ist eine Wirkung erwiesen, bei anderen hilft vielleicht nur der Glaube. Aber auch der versetzt ja bekanntlich Berge.
Hier eine Auswahl der bekanntesten „Bergarzneien“:

Alpenschafgarbe/Iva
Man verarbeitet die kleinen, weiß blühenden Pflanzen zu würzigem, pfefferminzähnlichem Iva-Öl, in der Schweiz auch zu Iva-Likör. Hilft gegen Appetitlosigkeit und stärkt den Magen und die Nerven.

Gelber Enzian
Blau, blau, blau blüht der Enzian? Dieser nicht! Die kräftige Pflanze, die sogar in den Bergen Wuchshöhen von über einem Meter erreichen kann, blüht gelb. Wild wachsender

Gelber Enzian steht unter Schutz, man kann ihn aber auch anbauen und dann als Heilpflanze nutzen. Als Schnaps oder Likör hilft er gegen Appetitlosigkeit, Völlegefühl, Blähungen und Gallenbeschwerden.

Meisterwurz

Die ebenfalls hochwüchsige und in manchen Regionen geschützte Pflanze blüht weiß, sie riecht nach Möhren und Sellerie. Dank der vielen ätherischen Öle wirken ihre Wurzelextrakte bei Atemwegserkrankungen schleimlösend. Sie helfen außerdem gegen Magenbeschwerden, die durch einen Mangel an Magensaft verursacht werden. Vorsicht bei Gallenstein! Dafür eignet sie sich nicht. Und: Die Einnahme von Meisterwurzpräparaten kann die Haut lichtempfindlicher machen.

Latschenkieferöl

Selbst sammeln darf man die Nadeln und Zweigspitzen der Latschenkiefer nicht, um aus ihnen heilendes Öl herzustellen. Aber in Apotheken kann man das duftende Latschenkieferöl kaufen. Wenn man es inhaliert, wirkt es schleimlösend. Auf der Haut regt es die Durchblutung an und lindert Muskelschmerzen. Aber Achtung, nicht unverdünnt anwenden!

Die Kraft der Zirbe (Arve)

Auch die Zirbe gehört zu den Kiefern. Diese duftenden Nadelbäume können bis zu tausend Jahre alt werden und

fast alles an diesem Baum hat dank ätherischer Öle heilende Wirkung. Aus dem Holz macht man Betten, in denen man offenbar besonders gut schläft, feine Holzspäne werden sogar als duftende Kissenfüllung genutzt. Aus den Zweigen und Nadeln kann man Zirbenöl gewinnen, aus den Zapfen Schnaps, und die Kerne können ähnlich wie Pinienkerne beim Kochen und Backen verwendet werden.
Zirbenprodukte wirken entspannend, entgiftend, stimmungsaufhellend und schleimlösend.

Murmeltierfett

Murmeltiere müssen den kurzen Bergsommer nutzen, um sich Fettreserven für den Winterschlaf anzufuttern. Wenn man sie im Herbst jagt, sind sie daher pummelig, und man kann aus ihren Fettreserven Murmeltieröl gewinnen. Es enthält unter anderem Cortison und wird deswegen zur Behandlung von Hauterkrankungen eingesetzt. Früher waren Murmeltiere deswegen vom Aussterben bedroht und mussten geschützt werden. Inzwischen dürfen sie in der Schweiz und in Österreich wieder gejagt werden.

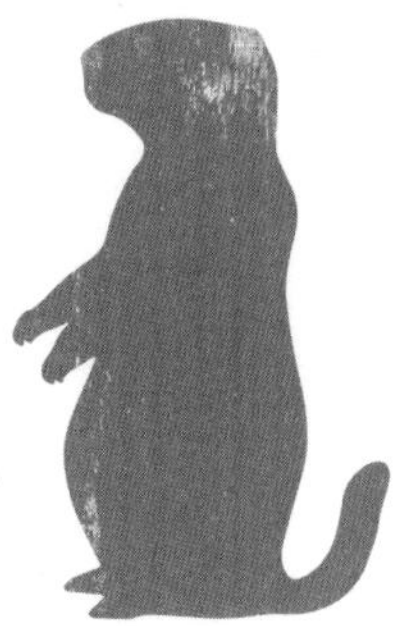

Moor

Aus ehemaligen Gletscherseen entstehen in Bergsätteln, an Hängen und in Gebirgstälern manchmal Moore, in denen sich über Jahrtausende hinweg Heilkräuter, Pollen und Blüten anreichern konnten. Daraus bildeten sich wertvolle

Inhaltsstoffe: Spurenelemente, Kieselsäuren, ätherische Öle sowie Huminsäuren, also Vorstufen von Hormonen. Ein Moorbad wirkt daher antibakteriell und kann Linderung bei Arthrose und Abhilfe bei ungewollter Kinderlosigkeit bringen.

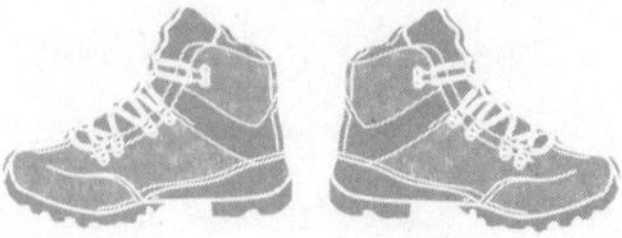

Wandern macht glücklich

Früher gingen Menschen nur zu Fuß, wenn sie arm waren oder ein Weg mit Kutsche und Pferd nicht passierbar war. Niemand wanderte zum Spaß. Und in den Bergen war erst recht kein Mensch freiwillig unterwegs. Bis zum 18. Jahrhundert galten Gebirge nämlich als unheimlich, hässlich und gefährlich. Die Römer nannten die Alpen sogar „montes horribiles", schreckliche Berge, und noch lange schlossen Reisende als Schutz vor diesen Schrecken die Vorhänge ihrer Kutschen, wenn sie durch Alpenlandschaften fuhren. Es waren Maler und Literaten, die die Schönheit der Berge als Erste wahrnahmen und in Wort und Bild einem größeren Publikum nahebrachten.
Als Mitte des 19. Jahrhunderts mit der Industrialisierung nicht nur die Städte, sondern auch das Alltagsleben ihrer Bewohner hektischer und grauer wurden, entwickelte sich das Wandern durch grüne Landschaften zu einem Symbol für Freiheit und Aufbruch. Und um 1900 brach dann unter jungen Leuten geradezu ein Wanderfieber aus. Schülerinnen

und Schüler, Studierende und Lehrlinge setzten sich als sogenannte Wandervögel in Bewegung, um dem engen bürgerlichen Leben zu entfliehen und im wahrsten Sinne des Wortes eigene Wege zu gehen. Aus dieser Zeit stammen übrigens fast alle Wanderlieder, die wir heute noch mit Inbrunst schmettern.
Ab den 1960er-Jahren wandelte sich dann das Image des Wanderns, es wurde mehr und mehr zum altmodischen Sport für Senioren mit Stock und Kniebundhose. Die Aussicht auf den an den Schulen üblichen „Wandertag" brachte Schülerinnen und Schüler nun nicht mehr zum Trällern, sondern allenfalls zum Ächzen.
Inzwischen gibt es wieder einen Gegentrend. Wandern wird jetzt auch gern Trekking genannt und ist zum einen eine sportliche Herausforderung, zum anderen aber auch ein langer Weg der persönlichen Entwicklung. Man wandert auf abenteuerlichen Trails durch die Wildnis oder auf Pilgerwegen zu einem neuen Ich. Wandern bedeutet dabei Abenteuer, ist aber auch eine Art Schwebezustand: Man hat einen Ausgangspunkt verlassen und ist unterwegs, aber noch lange nicht am Ziel. Multitasking ist dabei nicht möglich. Man befasst sich Stunde um Stunde, Tag um Tag nur mit dem Hier und Jetzt, Schritt für Schritt. „Wandern ist eine Tätigkeit der Beine und ein Zustand der Seele", schrieb schon vor mehr als hundert Jahren der Schriftsteller Josef Hofmiller. Heute inspirieren Autoren wie Hape Kerkeling oder Cheryl Strayed ihre Leser dazu, ihnen auf ihre Selbstfindungstrips zu folgen.

Und Wandern macht tatsächlich glücklich, das konnten Wissenschaftler inzwischen bestätigen: Eine aufrechte Körperhaltung und forsches Ausschreiten verbessern merkbar die Stimmung. In einer amerikanischen Studie schnitten Wanderer nach einer Tour außerdem in Kreativitätstests deutlich besser ab als zuvor. Und noch größer ist der Effekt aufs Wohlbefinden, wenn man dabei durch unberührte Natur geht. Vogelgezwitscher, Blätterrauschen, saftige Wiesen, Waldluft, plätschernde Bäche und Sonnenstrahlen wirken nämlich ebenfalls messbar stimmungsaufhellend. Der österreichische Alpenverein hat in einer groß angelegten Studie bewiesen, dass schon eine dreistündige Wanderung die Laune der Probanden verbesserte, Energielosigkeit beseitigte und Ängste schwinden ließ.

Vom Wandern profitieren außerdem das Immunsystem, der Fettstoffwechsel, das Herz, der Kreislauf, die Atmung, die Muskulatur und die Knochen. Wandern senkt auch das Risiko von Infarkt, Krebs und Diabetes und steigert die Kondition. Darüber hinaus lernt und erlebt man viel bei diesem ruhigen Sport in freier Natur. Nicht umsonst sagt man: Wer viel wandert, ist bewandert.

Also:

Buch weglegen!
Raus in die Natur!

2 3 4 5 6 7 8 9 10 11

Wandern in Zahlen

Was ist Wandern?

Laut Wikipedia bezeichnet man mehr als einstündiges Gehen in der Landschaft als Wandern.

60 Minuten

Wie schnell ist man unterwegs?

Durchschnittlich schafft ein Wanderer vier bis fünf Kilometer pro Stunde, aber die Geschwindigkeit ist stark abhängig von der Steigung und Beschaffenheit des Weges.

Wie viele Kalorien verbraucht man dabei?

Beim Bergwandern verbraucht man bis zu 1700 Kalorien in drei Stunden. Das ist so viel wie beim Joggen. Allerdings joggt kaum jemand drei Stunden lang.

700 Kalorien

Tierische Touren

Wandern ist langweilig? Nicht wenn man die richtigen Begleiter hat! Mit einem tierischen Gefährten an der Seite kann man selbst Kinder leicht zu langen Touren animieren. Und das muss nicht immer ein Familienhund sein. Auch ausgefallenere Tiere können sich am anderen Ende der Leine befinden. Zum „Animal Trekking“, also zum Wandern mit Tieren, eignen sich auch Esel, Pferde, Ziegen, Lamas, Bernhardiner, Kamele oder Kühe.

Wer aber denkt, ein wandernder Streichelzoo sei nur etwas für Kinder, der hat sich getäuscht. Auch immer mehr Erwachsene suchen unterwegs die Begleitung von Tieren. Kein Beruhigungsmittel wirkt nämlich so gut wie das entspannte Schnauben eines Pferdes oder der sanfte Blick einer Kuh. Wenn man dann noch weiches Fell streicheln kann, sinkt der Blutdruck und Stresshormone werden abgebaut. Das sanfte Wesen vieler Vierbeiner hilft unter anderem auch gegen Aggressionen und Burnout.

Aus all diesen Gründen sind Kamele und Co. inzwischen beliebte Begleiter bei therapeutischen Spaziergängen und sportlichen Bergtouren.

Wandern mit Berg-Profis: Bernhardiner-Trekking

Früher waren sie in den Bergen unterwegs, um Verirrte und Lawinenopfer zu suchen. Heute sind die riesigen Hunde vom Großen Sankt Bernhard vierbeinige Heilmittel gegen Seelenschmerz. In jahrzehntelanger Zucht entwickelten sich die braun-weiß gefleckten Tiere von kleineren, beweglichen Rettungshunden zu gemütlichen Zottelriesen. Trotz des äußerlichen Wandels sind sie noch immer sanftmütige und verlässliche Wegbegleiter, und so werden sie auch an ihrem traditionellen Hauptzuchtort, dem Hospiz auf dem Großen Sankt Bernhard, heute noch eingesetzt. Dort begleiten sie auf Wunsch Wanderer durch die Bergwelt. Bernhardiner sind anhänglich und kontaktfreudig und lassen sich durch kein Donnergrollen aus der Ruhe bringen. Zu Fremden sind sie ausgesprochen freundlich, deswegen eignen sie sich gut für ängstliche Trekker und Kinder. Die Schweizer Nationalhunde sind außerdem für ihre Wetterfühligkeit und ihre Wachsamkeit bekannt. Selbst bei Schnee und Nebel finden sie den richtigen Weg.

Und leise summt das Lama

Berhardiner-Trekking gibt es nur in der Schweiz. Lamas gibt es inzwischen fast überall. Die freundlichen Verwandten der Kamele sind nämlich in, und auch beim Tiertrekking erfreuen sie sich zunehmender Beliebtheit.

Lamas kommen ursprünglich aus den Anden, wo sie bis heute als Lasttiere im Gebirge genutzt werden. Sie sind Paarhufer und haben unter ihren Zehen robuste Schwielensohlen, mit denen sie auch auf unsicherem Grund trittfest und verletzungsfrei ausschreiten können.
Lamas gelten als Symbol für Entspannung und Entschleunigung, und wer nur einmal einem Lama in seine tiefbraunen, lang bewimperten Augen geblickt hat, weiß auch, warum. Und genauso sanftmütig, wie sie aussehen, sind sie auch. Ein Lama-Drama ist auf diesen Spaziergängen nicht zu befürchten. Wenn Lamas sich aufregen, spucken sie zwar, aber sie speien in der Regel nur Artgenossen an, und auch nur diejenigen, die sie nicht mögen. Normalerweise gilt: Bleibst du flauschig, bleibt es das Lama auch.
Und wenn sich ein Lama unterwegs so richtig wohlfühlt, kann man vielleicht sogar ein ganz besonderes Phänomen erlauschen: Entspannte Lamas summen leise vor sich hin.

Kühe auf Kuschelkurs

Eigentlich soll man sich von Kühen ja sicherheitshalber fernhalten (siehe auch das Kapitel „Kühe sind auch wilde Tiere“). Wer sich auskennt, kann mit den sanftäugigen Hornträgern aber durchaus kommunizieren und vielleicht sogar Freundschaft schließen. Beim sogenannten „Kuhkuscheln“ lernt man nach einer theoretischen Einführung ein Rind persönlich kennen, indem man es bürstet und striegelt. Wenn sich dann irgendwann beide Seiten ausreichend vertrauen, kann

gekuschelt werden. Das Tempo, in dem Mensch und Kuh sich näherkommen, gibt dabei die Kuh vor.
Ein Hof in der Nähe von Schaffhausen bietet sogar noch mehr. Beim Kuhtrekking steigt man nach dem Kennenlernen auf den Kuhrücken und reitet am Rhein entlang. Auch hier gibt natürlich die Kuh das Tempo vor, das in der Regel gemächlich ist.

Einfach mal abschalten

Im Durchschnitt werden wir heutzutage alle elf Minuten unterbrochen. SMS, E-Mails, WhatsApp, Twitter, Snapchat, Klingeltöne aller Art fordern ständig unsere Aufmerksamkeit. Dafür ist unser Gehirn aber nicht geschaffen. Es ist auf Ruhephasen angewiesen, in denen es sich auf eine einzige Aufgabe konzentrieren darf und nicht mit anderen kommunizieren muss.
Inzwischen gibt es Hotels, in denen man Wellnessprogramme namens „Digital Detox" buchen kann. Beim Einchecken gibt man Handy, Tablet und Co. an der Rezeption ab, dafür bekommt man Briefbögen, Landkarten und Reiseführer in Papierform ausgehändigt. Digitales Fasten kann man in den Bergen aber auch ohne spezielle Buchung

ausprobieren. Viele Quartiere an wildromantischen Orten liegen nämlich in Funklöchern und verfügen nicht über Handyempfang oder WLAN.

Nach einer kurzen Übergangszeit, in der Entzugserscheinungen auftreten können, wirkt eine solche Kur wie Seelenbalsam gegen Nervosität, Konzentrationsschwierigkeiten und Schlaflosigkeit. Die Geräte einfach selbst abschalten wäre natürlich auch eine Lösung. Aber wer schafft das schon?

Unerreichbar in den Bergen, dieser Gedanke kann durchaus Panik auslösen. Was, wenn man krank wird oder stürzt?

Da lohnt es sich, auf uralte Überlebenstechniken zurückzugreifen: am besten nie alleine losziehen. Man sollte außerdem dafür sorgen, dass jemand die geplante Route kennt und darauf wartet, ob man planmäßig wieder auftaucht. Und: vorsichtig sein!

Im Wald und auf der Weide

Tanne oder Fichte?

„Die hohen Tannen atmen heiser im Winterschnee“, dichtete einst Rainer Maria Rilke. Es ist gut möglich, dass er beim Reimen dieser Zeilen in Wahrheit auf eine Fichte blickte, denn Laien verwechseln diese beiden Baumarten oft. Und das ist auch kein Wunder, sie ähneln sich nämlich sehr. Aber wenn man sich die Unterschiede einmal eingeprägt hat, kann man sie doch leicht auseinanderhalten.
Die Rinde der Tanne ist grau oder weißlich, die der Fichte bräunlich bis rötlich. Aus diesem Grund wird die Fichte verwirrenderweise umgangssprachlich oft auch als Rottanne bezeichnet. Leider ist die unterschiedliche Farbe der Borke in der Natur oft nicht so deutlich zu erkennen wie im Lehrbuch. Aber zum Glück kann man Tanne und Fichte auch leicht an den Zapfen auseinanderhalten: Fichtenzapfen hängen vom Ast nach unten, Tannenzapfen hingegen stehen wie Kerzen auf den Ästen, ragen also in den Himmel.

Man kann auch den Boden unterm Baum betrachten: Liegen da Zapfen, ist es eine Fichte. Tannen werfen ihre Zapfen nämlich nicht ab. Und einen wichtigen Hinweis gibt auch die Wuchsform der Bäume: Fichten wachsen kegelförmig, sind also unten breit und werden zur Spitze hin immer schmaler. Die Tanne hingegen wächst insgesamt buschiger, und ihre Spitze ist oft leicht abgeflacht.

Noch leichter unterscheiden kann man die beiden Arten, wenn man die Bäume nicht nur betrachtet, sondern berührt. Die Nadeln der Tanne sind vorne stumpf und manchmal sogar leicht eingekerbt, die der Fichte dagegen nadelspitz und pikend. Ob man also gerade durch eine Gruppe junger Fichten oder Tannen läuft, wird einem unter Umständen schmerzlich bewusst.

Die hohen Tannen atmen

Die hohen Tannen atmen heiser
im Winterschnee, und bauschiger
schmiegt sich sein Glanz um alle Reiser.
Die weißen Wege werden leiser,
die trauten Stuben lauschiger.

Da singt die Uhr, die Kinder zittern:
im grünen Ofen kracht ein Scheit
und stürzt in lichten Lohgewittern, –
und draußen wächst im Flockenflittern
der weiße Tag zu Ewigkeit.

Rainer Maria Rilke

Hirsch oder Reh?

Die Frau vom Hirsch heißt nicht Reh, auch wenn Kinder das oft glauben. Als Reh, Ricke oder auch Rehgeiß bezeichnet man das Weibchen des Rehbocks. Und die „Frau vom Hirsch" heißt Hirschkuh.

Dass das heutzutage kaum ein Kind weiß, haben wir Walt Disney zu verdanken. Als der den Roman des Österreichers Felix Salten in einen Zeichentrickfilm verwandelte, machte er aus Saltens kleinem Rehbock Bambi einen Weißwedelhirsch. Rehe gibt es nämlich in den USA nicht. Aber Bambis Mutter ist im Originaltext nun mal ein Reh, und daher stammt die Verwirrung im deutschsprachigen Raum.

Auch biologisch ist die Antwort auf die Frage „Hirsch oder Reh?" ein bisschen kompliziert. Beide Arten gehören nämlich zur selben Familie, den Cervidae, zu Deutsch: den Hirschen. Die bei uns am häufigsten vorkommenden Rothirsche zählen wie die seltenen Damhirsche zur Unterfamilie der „Echten Hirsche", und das Reh ist ein Vertreter der Unterfamilie „Trughirsche", genau wie zum Beispiel Rentiere, Elche oder Disneys amerikanische Weißwedelhirsche.

Leicht auseinanderzuhalten sind die beiden Tierarten aber, wenn man sie nebeneinander auf einer Waldlichtung sieht. Rehe sind nämlich überraschend klein. Mit einer Schulterhöhe von gerade mal 50 bis 80 Zentimetern sind sie nicht größer als ein Schäferhund. Bei den Rothirschen handelt es sich um die größten Wildtiere unserer Wälder, sie können eine

Schulterhöhe von bis zu eineinhalb Metern haben und bewegen sich damit irgendwo zwischen Pony und Pferd.

Ein weiteres markantes Erkennungsmerkmal ist das Geweih. Beim Rehbock bleibt es zeitlebens vergleichsweise klein, es wird nur ungefähr 20 Zentimeter lang, während es beim Rothirsch bis zu 140 Zentimeter lang werden kann.

Nicht nur das Aussehen, auch die Lebensweise der beiden Tierarten unterscheidet sich grundlegend. Rehe sind Einzelgänger und halten sich selten in größeren Gruppen auf. Die weiblichen Hirsche hingegen leben sozial und stehen fast immer in Rudeln zusammen. Und während Hirschkälber ihrer Mutter von Geburt an auf Schritt und Tritt folgen, werden Rehkitze besonders in den ersten Tagen nach der Geburt an einem geschützten Ort abgelegt. Die Mutter bleibt zwar in der Nähe, kommt aber nur zum Säugen zum Kitz. Einsame Rehkinder sollte man daher nie berühren, sie sind nicht mutterlos.

Auch der Lebensraum der beiden Arten ist eigentlich nicht derselbe. Rehe kommen zwar in vielen Landschaften vor, von Natur aus sind sie aber perfekt an ein Leben im Wald angepasst. Ganz anders der Rothirsch. Er bewohnt am liebsten mit Gebüsch durchsetzte Graslandschaften und ist daran auch besser angepasst. Das große Geweih kann nämlich im dichten Wald hinderlich sein. Dorthin haben sich die Rothirsche hier bei uns nur aus Scheu vor den Menschen zurückgezogen.

Den Unterschied zwischen Hirsch und Rehbock kann man übrigens auch hören. Rehböcke bellen schnarrend, und zwar wenn sie erschrecken und ihre Artgenossen warnen wollen. Hirsche röhren während der Brunft und klingen dabei wie liebeskranke Urzeitwesen. Sie tun dies nur im Herbst, und mit etwas Glück kann man sie in der Dämmerung sogar dabei beobachten, wie sie unter Einsatz ihres Lebens um die Gunst der Weibchen kämpfen. Dabei riskieren sie im wahrsten Sinne des Wortes Kopf und Kragen, denn im Eifer des Gefechtes können sich die männlichen Hirsche mit ihrem Geweih schwere Verletzungen zufügen. Beabsichtigt ist das aber nicht, und meist endet die Auseinandersetzung damit, dass der schwächere Widersacher unbeschadet das Feld räumt. Der tapfere Sieger beginnt dann, die umkämpften Weibchen zu begatten. Zumindest so lange, bis der nächste Konkurrent auf die Lichtung tritt. Vor lauter Balz finden die männlichen Hirsche in dieser Phase kaum Zeit zum Fressen. So kann es passieren, dass sie bis zu dreißig Kilo abnehmen, und die müssen nach der Brunft schleunigst wieder angefuttert werden, denn im Winter braucht ein Hirsch Speckreserven.

Energie braucht er auch im Frühling und im Sommer für die Nachbildung seines Geweihs, denn das fällt Anfang jeden Jahres komplett ab. Dieses Geweih besteht aus Knochensubstanz und ist während der Wachstumsphase von einer dünnen, gut durchbluteten Hautschicht bedeckt, dem sogenannten Bast. Es kann pro Tag mehr als zwei Zentimeter wachsen und bricht damit jeden Rekord, schneller wächst im Tierreich kein anderes Knochengewebe. Ist das Wachstum beendet, stirbt die durchblutete Hautschicht ab. Der Hirsch entfernt sie dann, indem er sein Geweih an dünnen Bäumen reibt. Das wird unter Fachleuten als „fegen“ bezeichnet. Zurück bleiben der prächtige freigelegte Kopfschmuck – und beschädigte Bäume. Deswegen sind Hirsche bei Waldbesitzern meist nicht besonders beliebt.

Im Durchschnitt ist so ein fertiges Geweih sechs Kilo schwer. Es wurden aber auch schon Hirsche mit einem bis zu neunzehn Kilo schweren Geweih erlegt. Kaum vorstellbar, wie viel Nackenmuskulatur nötig ist, um so ein Gewicht zu tragen. Übrigens kann man von der Anzahl der Geweihenden nicht auf das Alter eines Hirsches schließen. Tatsächlich nimmt zwar die Größe des Geweihs bis zu einem gewissen Alter zu, die endgültige Geweihform ist allerdings genetisch bedingt und bleibt irgendwann von Jahr zu Jahr fast gleich. Ungefähr ab dem zwölften Lebensjahr nehmen die Größe des Geweihs und die Anzahl der Enden sogar wieder ab.

Wildes Wissen

Hirsche leben auch jenseits der Baumgrenze, Rehe nicht.

Das Reh ist mit seinem schmalen Brustkorb und seinen tiefer gelegten Schultern an ein Leben im Wald angepasst. Bei Gefahr duckt es sich und drückt sich auf die Erde. Erst im letzten Moment springt es auf und versucht, den Feind durch einen schnellen Sprint abzuschütteln. Das Reh wird deswegen von Jägern als Schlüpfertyp bezeichnet. Der

Hirsch dagegen ist ein Läufertyp. Er lässt den Feind erst gar nicht an sich herankommen, sondern flieht gleich. Außerdem verfügt er über eine größere Kondition und kann lange traben.

Rehe und Hirsche sind eigentlich keine nachtaktiven Tiere. Die nächtliche Lebensweise haben sie sich hier bei uns nur angewöhnt, weil dann keine Menschen unterwegs sind. Lässt man Rehe und Hirsche ganz in Ruhe, äsen sie tagsüber und schlafen nachts.

Kühe sind auch wilde Tiere

Sie haben sanfte braune Augen, lange Wimpern, flauschige Ohren und sind an Menschen gewöhnt. Eigentlich. Aber wenn Kühe in Herden auf riesigen Almweiden stehen und dort tagelang keinen Kontakt mit Menschen haben, entdecken sie ganz schnell ihre Urinstinkte wieder und verwildern. Sie bilden dann in ihren Herden Hierarchien wie ihre wilden Vorfahren und ziehen gemeinsam die Kälbchen groß.
Für Kühe ist das ein freies, artgerechtes Leben, für Menschen ein nicht zu unterschätzendes Risiko. Denn wildlebende Kuhherden schützen ihre Kälber, und wenn sie irgendwo eine Gefahr wittern, gehen sie ganz schnell zum Angriff über. Dann entdeckt selbst eine eigentlich zahme Hauskuh plötzlich Instinkte eines Auerochsen in sich.

Allein in Tirol grasen im Sommer mehr als hunderttausend Kühe ganz ohne Zäune auf über zweitausend Almen, und durch diese Wiese schlängeln sich viel genutzte Wanderwege. Kein Wunder, dass es immer wieder zu Kuhattacken kommt.
Besonders gefährdet sind Wanderer mit Hunden, denn selbst im zahmsten Vierbeiner wittern Kühe auch nach Jahrtausenden noch den gefährlichen Wolf. Und wenn eine Herde wütender Kühe angreift, werden immer wieder Menschen und Hunde verletzt oder sogar totgetrampelt. Klar, dass man solche Situationen vermeiden muss. Aber was tun, wenn man plötzlich einer schnaubenden Mutterkuh Auge in Auge gegenübersteht?

Experten raten:

- Abstand halten. Wanderwege nicht verlassen. Kälber nicht streicheln oder füttern. Eine Alm ist kein Streichelzoo!

- Gefährlich sind vor allem Muttertiere mit Kälbern und Stiere. Jungrinder sind oft nur neugierig und wollen spielen. Harmlos sind Milchkühe, die regelmäßig gemolken werden und an Menschen gewöhnt sind.

- Offene Weiden sollte man mit Hunden grundsätzlich umgehen. Wenn das nicht möglich ist, Hunde anleinen und ganz viel Abstand zu den Kühen halten.

- Den Tieren nicht direkt in die Augen starren, ihnen aber auch nicht den Rücken zuwenden.

- Wenn die Rinder unruhig wirken oder Wanderer fixieren, lieber einen Umweg nehmen oder sogar umkehren.

- Die Drohhaltung eines Rindes erkennt man daran, dass es sein Ziel fixiert, den Kopf schnaubend hebt und senkt und leicht in die Knie geht. Manchmal scharrt es auch oder brüllt. Danach geht es erst langsam auf seinen Gegner zu, bevor es schließlich losstürmt.

... und bei einem Angriff:

- Hunde sofort von der Leine lassen.

- Auf gar keinen Fall sollte man wegrennen. Die Kühe sind schneller. Besser ist es, sich langsam und ruhig rückwärts aus dem Gefahrenbereich zurückzuziehen.

- Meist genügt ein solider Stock, um sich die Tiere vom Leibe zu halten. Nicht damit herumfuchteln, sondern angreifenden Tieren gezielt einen Schlag auf die Nase geben.

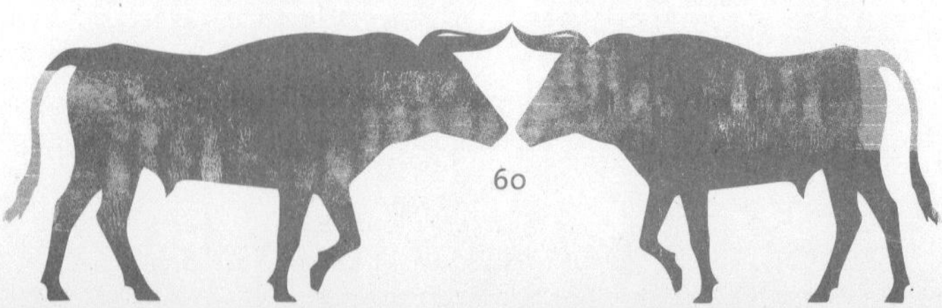

Gang durch die Kuhherde

Nächtlich auf der dunklen Weide
Grasen viele große Kühe,
Kauen,
Schauen,
Tun mir nichts zuleide,
Während ich mich durch sie durch bemühe.

Wenn sie wollten, könnten sie mich überrennen,
Doch sie werden nicht dran denken,
Da sie
Quasi
Gar kein Denken kennen.
Außerdem sind sie nicht abzulenken.

Und so geh' ich lautlos durch die Herde
Auf dem Gras, daran sie kauen,
Eilig,
Weil ich
Plötzlich bange werde,
Dass sie meine schwache Position durchschauen.

Werner Finck

Sie sind viel kleiner als Kühe, genügsamer, und sie können auch in schwer zugänglichen Bergregionen grasen. Nahrhafte Milch geben sie auch, und so ist es kein Wunder, dass Ziegen vermutlich die ältesten Haustiere der Menschen sind und früher als „Kuh des kleinen Mannes" weit verbreitet waren. Das merkt man auch alten Märchen an, in denen die Protagonisten oft Ziegenhirte von Beruf sind.

Heutzutage ist die Ziegenhaltung aber nicht mehr so einfach. Ziegen sind nämlich ausgesprochen neugierig, sie haben einen ausgeprägten Entdeckungsdrang, und Ziegenhirten, die rund um die Uhr über die Herden wachen, gibt es fast nicht mehr. Wer Ziegen hält, kann sich also nie sicher sein, ob sie auch wirklich auf der Wiese grasen, auf der sie auch grasen *sollen*. Außerdem müssen Ziegenbesitzer darauf achten, was ihre Milchziegen fressen. Die Tiere knabbern nämlich gern an Baumrinde. Erwischen sie davon aber zu viel, wird die Milch bitter.

Eine typische Bergziege in den Alpen kann bis zu sechs Jahre alt werden und bekommt ein bis zwei Kitze pro Jahr, die sie auch heute noch selbst aufziehen darf. Bergziegen führen daher ein artgerechtes und abwechslungsreiches Leben.

Vielleicht war es das, was einen Briten vor ein paar Jahren inspiriert hat, seinen Urlaub einfach mal als Ziege in einer Herde in den Schweizer Bergen zu verbringen. Als ihm sein Menschenleben zu kompliziert wurde, hatte Thomas Thwaites

plötzlich große Sehnsucht nach Ursprünglichkeit und einem ganz neuen Erlebnis. Er fertigte künstliche Ziegenbeine für sich an und lernte, wie eine Ziege zu gehen, zu denken und Gras zu kauen. Drei Tage hielt er durch, dann war Schluss. Über seine Zeit als Ziege hat er ein Buch mit dem Titel *Goat-Man* geschrieben. Seine Erfahrungen regen allerdings nicht zum Nachahmen an. Die Ziegen waren nicht das Problem, die haben nur ein bisschen rumgemeckert und den Exzentriker dann hörnerschüttelnd akzeptiert. Aber beim Vierfüßlergang schmerzten seine Knochen, und mit der nächtlichen Kälte in den Bergen kam der Ziegenmann überhaupt nicht zurecht. Wer also unbedingt eine Weile als Wildtier in den Bergen leben möchte, sollte es vielleicht lieber als zotteliger und aufrecht gehender Yeti versuchen.

Wie der Esel am Berg

Wenn jemand eine geistige Blockade hat, sagt man in der Schweiz: Der steht da wie der Esel am Berg. Eseln gegenüber ist das ausgesprochen ungerecht. Gerade in den Bergen laufen die grauen Dickköpfe nämlich zur Hochform auf. Sie sind anspruchslos, trittsicher, gelenkig, tragen klaglos schwere Lasten und erschrecken nicht so schnell wie die nervöseren Pferde. Und beim Gehen „schnüren" Esel, sie setzen also einen Huf vor den anderen, deswegen können sie sich auch auf schmalen Pfaden gut fortbewegen. Man trifft sie vor allem in südlichen Gebirgen an, weil ihnen die Nächte in den Alpen schnell zu kalt werden. Bei all ihren guten Eigenschaften ist es kein Wunder, dass Esel auf eine lange Tradition als Lasttier zurückblicken könnten, wenn sie denn zurückblicken würden. Aber das tun Esel nicht. Sie schreiten immer unermüdlich weiter, ganz ohne jede Blockade.

Es gibt allerdings zwei Gründe, aus denen Esel stehen bleiben können wie der sprichwörtliche Esel am Berg. Zum einen, wenn sie erschrecken, und am Berg ist dieses Verhalten klug, denn ein Zusammenzucken oder ein Sprung zur Seite könnte dort gefährliche Folgen haben. Und zweitens, wenn sich ihr Besitzer wie ein befehlsgewohnter Boss und nicht wie ein verständnisvoller Freund verhält. So etwas hassen Esel.

Wer das aber beachtet, hat in dem Langohr einen klugen, loyalen Partner, der durchaus auch mal seine Haut für andere riskiert.

Auch Schafe gehören zu den ältesten Haustieren der Menschen.
Genau wie Ziegen sind sie von Haus aus Bergbewohner. Bei den weißen Flauschtieren handelt es sich nämlich um die domestizierte Form des braunen, langbeinigen Mufflons.

Ob Ziege oder Schaf lässt sich manchmal auf den ersten Blick nur schwer entscheiden. Tipp: Zeigt das Schwänzchen vergnügt nach oben, ist es eine Ziege.

Bergschafe sind besondere Schafzüchtungen. Sie sind robust, genügsam, wetterfest und trittsicher. Und sie erweisen sich als auffallend gute Mütter, die ihre Lämmer nie aus den Augen lassen.

Schafe haben zwar definitiv Schafsgesichter, aber davon sollte man sich nicht täuschen lassen. Sie sind nicht dumm, das haben wissenschaftliche Tests ergeben. So können sich Schafe beispielswiese über fünfzig Gesichter von Artgenossen merken und sogar Menschen unterscheiden. Befreundete Schafe erkennen sich auch nach Jahren wieder.

Schafe können Futterbehälter sogar an der Form unterscheiden, was nicht mal die als schlau geltenden Ratten schaffen. Und immer wieder verblüffen die Tiere ihre Besitzer, wenn sie angeblich schafsichere Weideroste überwinden, indem sie sich hinlegen und sich über sie hinwegkugeln. Auch in einem Labyrinth finden Schafe sich bei Experimenten schnell zurecht und können sich die Wege gut merken.

Bei der sogenannten „Transhumanz" werden die Schafe auf einer langen Gebirgswanderung zu entlegenen Bergweiden geführt. Das ist heute noch beispielsweise in Südtirol üblich.

„Schafscheid", so nennt man in den Bergen die Aufteilung der Schafherden an ihre Besitzer nach dem Abtrieb von den Bergweiden. In vielen Gegenden findet die Schafscheid am ersten Donnerstag im September statt und ist mit einem großen Fest verbunden.

Meistens haben sie ein kleines Geweih. Oft Hasenohren. Manchmal sogar Flügel. Die Rede ist von Wolpertingern, geheimnisvollen kleinen Tieren, die in bayrischen Bergregionen leben. Oder auch nicht. Genau weiß das keiner.

Der Sage nach sind diese Mischwesen das Resultat einer sehr speziellen und unendlich großen Liebe zwischen einem Rehbock und einem Hasen vor vielen Jahrtausenden. Später vermischten sich noch andere Tierarten mit den Nachfahren dieser beiden Liebenden, und so kann man heute in vielen Jagdstuben und Museen unterschiedlichste Vertreter der Spezies Wolpertinger in ausgestopfter Form bewundern.

Kritiker behaupten, bei den Geschichten von Wolpertingern handele es sich um Jägerlatein, echte Exemplare habe es nie gegeben, und bei den Exponaten handele es sich um Präparate, die in betrügerischer Absicht aus Körperteilen unterschiedlichster Tiere zusammengesetzt seien. Diese Praxis habe sich seit dem 19. Jahrhundert in Bayern durchgesetzt, um Norddeutsche, sogenannte „Preißn", an der Nase herumzuführen.

Befürworter hingegen sagen, dass Wolpertinger sehr wohl existieren, und zwar schon ewig. Als Beweis führen sie steinzeitliche Höhlenmalereien an, die ähnliche gehörnte Mischwesen zeigen. Außerdem, so argumentieren Wolpertinger-Fans, werden in vielen Regionen der Welt ähnliche Kreuzungen beschrieben. Da gibt es zum Beispiel den schweizerischen Dahu (Steinbock und Ziege), das österreichische Raurackl und den Thüringer Rasselbock (beide Hase und Reh), den schwedischen Skvader (Hase und Auerhuhn) und die amerikanische Jackalope (Hase und Antilope). So was könne kein Zufall sein. Deswegen sammeln Wolpertinger-Gläubige mit geradezu wissenschaftlicher Akribie alles, was über den Wolpertinger bekannt ist, und ergänzen es durch eigene Beobachtungen und Vermutungen.

So gibt es offenbar rechtsdrehende und linksdrehende Wolpertinger. Aufgrund komplizierter genetischer Vorgänge haben Wolpertinger nämlich oft auf jeder Seite unterschiedlich lange Beine. Sie können Bergspitzen daher stets nur in einer Richtung umrunden. Aus diesem Grund gelingt es auch im-

mer wieder, eins der scheuen und flinken Tiere zu erbeuten: Man muss es nur von vorn erschrecken, dann dreht es sich um, versucht zu fliehen, verliert aufgrund der nun hangseitig viel zu kurzen Beine das Gleichgewicht und kullert den Berg hinab, wo man es leicht in einem geöffnetem Sack auffangen kann.
Die anatomische Beinbesonderheit der meisten Wolpertinger erklärt es auch, warum Liebesbeziehungen zwischen Wolpertingern meist tragisch verlaufen. Ein gemischtdrehendes Pärchen aus einem rechts- und einem linksdrehenden Tier kann sich beim Kennenlernen tief in die Augen sehen und sich dabei intensiv austauschen. Dafür ist in solchen gemischtdrehenden Wolpertinger-Beziehungen der Paarungsvorgang schwierig, da sich das Männchen dem Weibchen niemals von hinten nähern kann. Gleichdrehende Tiere hingegen können sich leicht fortpflanzen, leben dafür aber nie in einem ähnlich beglückenden seelischen Austausch.
Natürlich hat die Natur nicht ohne Grund dafür gesorgt, dass gemischtdrehende Wolpertinger in der Regel kinderlos bleiben. Deren Nachfahren haben zwar manchmal vier gleich lange Beine, öfter kommt es aber vor, dass sie vorne kürzere oder längere Beine haben als hinten. Sie können sich daher nur hangaufwärts oder hangabwärts fortbewegen, was ihr Leben nur zu oft in eine Sackgasse führt.
Leider bekommt man Wolpertinger aller Beinlängen nur sehr selten zu sehen, bevor sie beim Tierpräparator gelandet sind. Einheimische kennen zwar ein paar Tricks, die dabei helfen,

einen zu sichten, aber die sollte man nur mit Vorsicht anwenden. So soll Alkoholkonsum beispielsweise hilfreich sein. Und bevorzugt zeigen sich Wolpertinger angeblich auch attraktiven jungen Frauen, die nachts in Begleitung eines zünftigen bayrischen Mannsbilds einsame Waldgegenden besuchen. Man sollte den Wolpertinger-Kontakt vielleicht lieber nicht auf diese Weise erzwingen. Die kleinen Nager ernähren sich nämlich nicht nur von Kräutern und Wurzeln, sondern auch gern von preußischen Weichschädeln. Und selbst wer glaubt, keinen solchen zu besitzen, kann nie verlässlich ausschließen, dass irgendwann im Laufe der eigenen Familiengeschichte aufgrund einer ähnlich artüberschreitenden Liebesgeschichte wie beim Wolpertinger doch einer eingekreuzt wurde. Und so was riechen die.

Survivaltipps für Hilfe aus dem Tal

Notruf in den Bergen

Per Handy

Über die Nummer 112 kann man überall in Europa Hilfe rufen.

Notruf ohne PIN

Das Handy gehört jemandem, der nicht mehr in der Lage ist, anderen die PIN mitzuteilen? Kein Problem, es geht auch ohne. Neuere Handys haben eine Notruffunktion auf dem Startbildschirm, ältere muss man ausschalten, wieder einschalten und anstelle des PIN-Codes die 112 eingeben. Über diese beiden Notruffunktionen sucht das Handy immer das beste verfügbare Netz.

Spezielle Alpinnotrufnummern:

Österreich: 140
Schweiz: mit ausländischem Telefon +41 333 333 333, mit Schweizer Telefon 14 14.
Italien und Südtirol: 118

Kein Empfang?

Wer viel in Gebieten mit Funklöchern unterwegs ist, kann sein Handy mit Zubehör zum Satellitentelefon umfunktionieren und dann von nahezu überall einen Notruf absetzen. Das Zubehör hat aber einen stolzen Preis, ist also eher etwas für Leute, die oft allein in den Bergen wandern.

Kein Handy? Oder kein Akku?

Wer kein Handy nutzen kann, sollte das Alpine Notsignal verwenden. Dafür kann alles eingesetzt werden, was Aufmerksamkeit erregt: Stimmen, Trillerpfeifen, Lichtsignale, ein Mini-Alarm. Und so geht's:

Erste Minute: alle zehn Sekunden ein Signal
Zweite Minute: Pause
Wiederholen

Hat jemand das Signal bemerkt, lautet die Antwort so:

Erste Minute: alle 20 Sekunden ein Signal
Zweite Minute: Pause
Wiederholen

Auch nach einer Antwort sollte man immer weiter Signale geben, damit die Helfer den Unfallort finden.

Körpersignale für Hubschrauber:

Tal aktiv

Heidi lesen

„Vom freundlichen Dorfe Maienfeld führt ein Fußweg durch grüne, baumreiche Fluren bis zum Fuße der Höhen, die von dieser Seite groß und ernst auf das Tal herniederschauen. Wo der Fußweg anfängt, beginnt bald Heideland mit dem kurzen Gras und den kräftigen Bergkräutern dem Kommenden entgegen zu duften, denn der Fußweg geht steil und direkt zu den Alpen hinauf."

Mit diesen wenig spektakulären Sätzen beginnt einer der erfolgreichsten Romane der Weltliteratur. 1879 verfasste die Zürcher Arzttochter Johanna Spyri ihr Buch *Heidis Lehr- und Wanderjahre* in nur vier Wochen.
Heute hat *Heidi* einen Siegeszug rund um die ganze Welt hinter sich wie kaum ein anderes Buch. Die Geschichte wurde in mehr als fünfzig Sprachen übersetzt und rund fünfundzwanzig Mal verfilmt. In vielen Ländern, zum Beispiel in den USA, in Japan und in der Türkei gehört „das Heidi" noch heute zu den bekanntesten Kinderbuchfiguren überhaupt. Und überall in der Welt kennt so gut wie jedes Kind Heidis Geschichte, die in der winzigen, vielen nicht einmal bekannten Schweiz spielt.
Und das, obwohl oder vielleicht gerade weil Heidis Geschichte ganz schnell erzählt ist:

Das fünfjährige Mädchen hat Vater und Mutter verloren und wird von seiner Tante aufgezogen. Als die eine lukrative Stelle annimmt, bringt sie die Kleine auf eine Bergalm, wo das Mädchen bei ihrem kauzigen Großvater leben soll. In dieser Bergeinsamkeit beginnt für Heidi wider Erwarten die schönste Zeit ihres Lebens. Doch dann muss sie fort, in die Großstadt Frankfurt, zu der reichen Familie Sesemann, als Spielgefährtin der gelähmten Klara. Aber im Stadtmilieu, beaufsichtigt von der strengen Gouvernante Fräulein Rottenmeier, kann Heidi nicht glücklich werden. Sie erkrankt und wird zurück in die Berge geschickt, wo das fröhliche Naturkind endlich wieder in seinem wahren Element ist. Im zweiten Band folgt Klara Heidi in die Berge und wird dort gesund.

Worin liegt die Faszination dieser Geschichte, die nach wie vor nicht nur Kinder, sondern auch Erwachsene in ihren Bann zieht? Sehnen wir uns alle so sehr nach einer heilen Welt? Brauchen wir Kitsch?

Nun, heil ist die Welt des Waisenkindes Heidi, das beim knurrigen Almöhi in tiefer Armut lebt, genau genommen nicht. Kitschig, ja, das ist das Buch, dafür sorgt schon die altertümliche Sprache des fast hundertvierzig Jahre alten Romans, wenn man ihn heute liest.

Der Moment, in dem der Almöhi das Kind ins Herz schließt, wird beispielsweise so geschildert:

„Er stieg die Leiter hinauf und trat an Heidis Lager heran. Der Mond draußen stand einmal hell leuchtend am Himmel, dann

fuhren wieder die jagenden Wolken darüber hin und alles wurde dunkel. Jetzt kam der Mondschein eben leuchtend durch die runde Öffnung herein und fiel gerade auf Heidis Lager. Es hatte sich feuerrote Backen erschlafen unter seiner schweren Decke, und ruhig und friedlich lag es auf seinem runden Ärmchen und träumte von etwas Erfreulichem, denn sein Gesichtchen sah ganz wohlgemut aus. Der Großvater schaute so lange auf das friedlich schlafende Kind, bis der Mond wieder hinter die Wolken trat und es dunkel wurde, dann kehrte er auf sein Lager zurück."

Doch Kitsch allein ist noch keine Erklärung für den weltweiten Erfolg des Buches. Vielleicht ist es die Tatsache, dass der Roman ganz kompromisslos von der Sehnsucht nach Individualität und Authentizität erzählt, von Natur- und Tierliebe und vor allem von Nischen in unserer modernen Welt, in denen es das alles noch gibt. Nischen, in denen man mit ein bisschen Widerstand anders leben kann als die breite Masse. Trotz allen Bergkitschs ist die Geschichte von Heidi also auch eine herzerwärmende und immer noch aktuelle Aufforderung zum Ausstieg aus dem Mainstream.

Wo könnte man ein solches Buch besser lesen als in einem Liegestuhl mit Blick auf Alpengipfel, Almwiesen, duftende Kräuter und spielende Kinder? Den Text gibt es sogar legal kostenlos im Internet.

Blumenkränze flechten

Na? Wie wär's jetzt mit einem Blumenkranz im Haar, ganz wie bei Heidi?

Viele Alpenblumen sind selten und vom Aussterben bedroht. Sie stehen unter strengen Naturschutzauflagen und werden in manchen Regionen sogar bewacht. Deswegen gilt auf Bergwiesen grundsätzlich: Blumen lieber stehen lassen!

Zwei Sorten allerdings sind so überlebensfähig, dass man sie immer und überall pflücken darf: das Gänseblümchen und der Löwenzahn. Und genau diese beiden eignen sich hervorragend zum Flechten von Blütenkränzen. Eine Mischung aus beiden Arten ist zwar schwierig, denn die Blütenköpfe der Gänseblümchen sind viel kleiner als die des Löwenzahns. Aber schön und leicht herzustellen sind Kränze aus nur einer Blumensorte.

Bei den Gänseblümchen benötigt man dafür langstielige Exemplare und Geduld. Bei einem Kranz aus Löwenzahn muss man darauf achten, den stark färbenden Pflanzensaft nicht in Kontakt mit der Kleidung zu bringen. Wer Flecken an den Händen vermeiden will, sollte Handschuhe tragen.

Die Flechtmethode ist bei beiden Sorten gleich.

Und so geht's:

Man beginnt mit zwei Blüten, die man Blüte an Blüte übereinanderlegt:

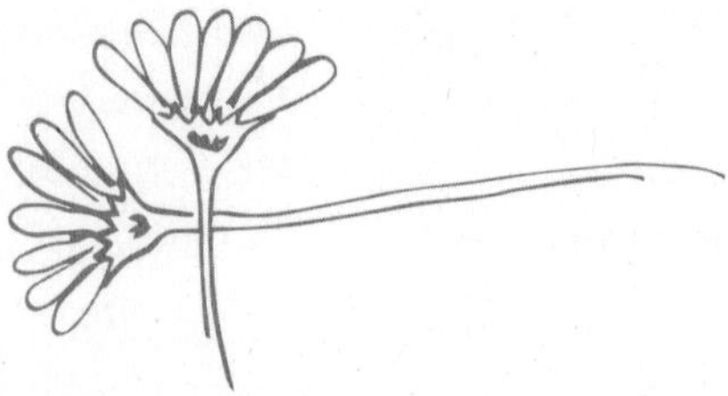

Dann wickelt man den Stängel der oberen Blüte einmal um den der unteren. Ganz wichtig: Man führt ihn dabei zwischen den beiden Blüten durch:

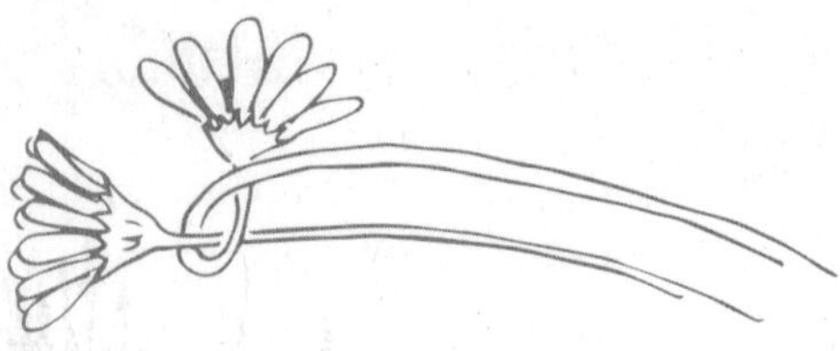

Jetzt legt man die beiden Stängel parallel nebeneinander:

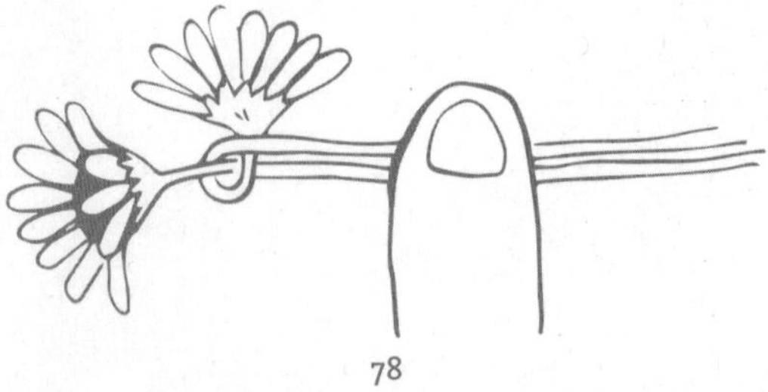

Dann wickelt man auf dieselbe Weise die nächste Blume um die beiden Stängel:

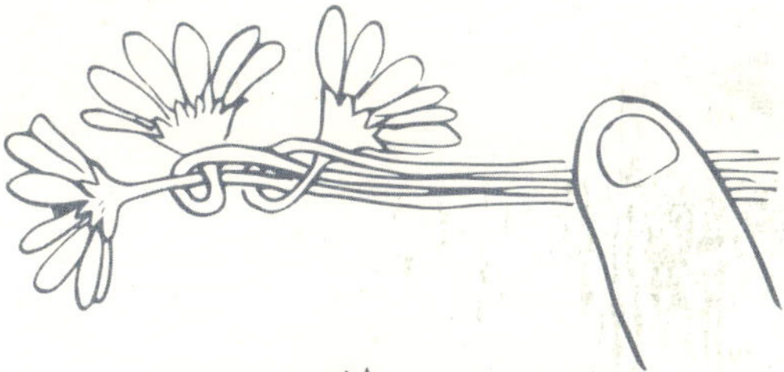

Und so weiter und so fort!
Am Schluss umwickelt man
Anfang und Ende des Kranzes mit
einem Grashalm und verknotet ihn.
Fertig!

Tiroler „Muas“ kochen

Es ist schnell gekocht und ebenso schnell verzehrt, denn Tiroler Mus schmeckt gut, liefert Energie und kostet beim Essen keine – man kann es ohne viel Kraftaufwand in sich hineinlöffeln, wenn man von einer harten Bergtour total erschöpft ist. Das sind gute Gründe für die Beliebtheit der Tiroler Bauernspeise, die oft auf Almen oder in Berghütten serviert wird. Ursprünglich sorgte aber ein anderer Grund für die weite Verbreitung dieser traditionellen Bergspeise, bei der Getreide mit Butter, Milch, Wasser und einer Prise Salz in einer Pfanne zu Brei verkocht wird: Holzfäller ernährten sich damit während ihrer langen Aufenthalte fernab der Zivilisation, weil die Zutaten vorhanden (Milch, Butter) oder lange haltbar waren (Getreide, Salz).
Man kann für die Zubereitung von Tiroler Mus jede Art von Mehl oder auch Grieß verwenden und das Gericht nach Belieben verfeinern, jede Familie hat da ihr eigenes Rezept.

Beispielrezept für vier Personen:

80 g Butter
100 ml Wasser
1 l Milch
100 g Weizenmehl
200 g Grieß
eine ordentliche Prise Salz
Zucker
Zimt
Marmelade oder Beerenkompott

Und so geht's:

In einer großen, hohen Pfanne zwei Drittel der Butter zum Schmelzen bringen. Anschließend Wasser und Milch zugeben und einmal kurz aufkochen lassen, dann sofort die Hitze reduzieren. Jetzt Salz, Mehl und Grieß mit einem Schneebesen klumpenfrei einrühren. Wer das Mehl vorher mit einem Teil der noch kalten Milch glattrührt und dann in die Pfanne einfließen lässt, hat garantiert keine Klumpen. Unter gelegentlichem Rühren zu einem Brei einkochen lassen, dann Pfanne vom Herd nehmen, abdecken und das Mus zehn Minuten ruhen lassen. Jetzt die restliche Butter in Flocken auflegen und schmelzen lassen.

Man kann das Mus mit Zucker und Zimt bestreuen und Marmelade oder Kompott dazu servieren. Oder man isst es einfach so, wie es ist, als deftige Mahlzeit, gern zu viert direkt aus der Pfanne. Dabei gibt es vielleicht Streit um die festgebackenen Reste am Pfannenboden, die als besondere Leckerei gelten. Aber zur Not lässt sich ja ganz leicht noch eine Portion kochen.

Und zum Schluss:

Spruch zum Wandern

Empfange mich, du reine Luft,
und gib mir deine Kraft;
vertilge, was in mir an Gruft,
und nähre, was da schafft!

Christian Morgenstern

Teil 2

Beim Aufstieg

„Das Geheimnis des Vorwärtskommens besteht darin,
den ersten Schritt zu tun."

Mark Twain

Von oben herabsehen

Warum bleiben Wanderer nicht unten im Tal, obwohl man dort leicht, angenehm und sicher läuft? Warum besteigen Menschen überhaupt freiwillig Berge?

„Weil sie da sind“, lautet die vielzitierte Antwort des neuseeländischen Bergsteigers Sir Edmund Hillary auf diese Frage.

Psychologen nennen weitere Gründe: Bei der Konzentration auf den Weg als Ziel kann man beim Bergwandern in einen Flow geraten, also in jenen Glückszustand, in dem man sich als Mensch selbst genug ist, jedes Zeitgefühl verliert und Anstrengung nicht mehr spürt. Wenn man sich ganz auf die Natur und den eigenen Körper konzentriert, ist Bergwandern so etwas wie Meditation mit den Füßen. Und wenn man es schafft, nicht nur die Baumgrenze, sondern auch die Sorgengrenze hinter sich zu lassen, ist eine Bergbesteigung eine gelungene Flucht aus dem Alltag. Bei extremen Touren ist da auch noch der Adrenalinkick, den manche lieben. Und einige Verhaltensforscher sehen zumindest in männlichen Bergsteigern und Kletterern nichts anderes als balzende Männchen. (Mehr zu den Frauen im Hochgebirge steht im Kapitel „Warum Frauen auf Berge steigen“.)

Ganz nebenbei lernt man beim Bergsteigen auch viel über das Leben. Der Filmregisseur Ingmar Bergman beispielsweise verglich es mit dem Älterwerden: Man verbraucht dabei Kräfte, hat dafür aber mit jedem bewältigten Schritt mehr Weitsicht.

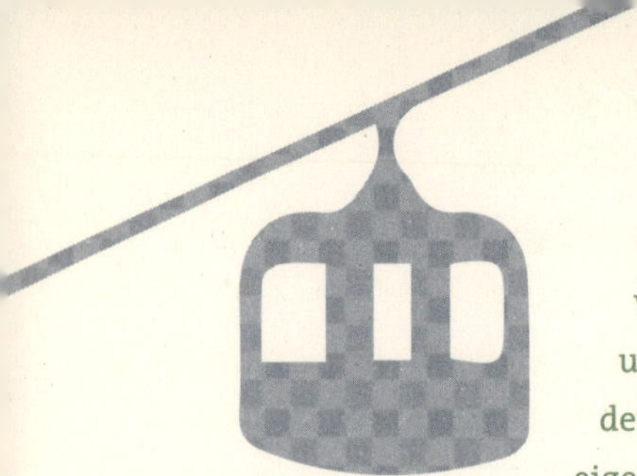

Wer auf einen Berg steigt, kann von oben die Aussicht genießen und herabschauen. Ins Tal. Auf den bewältigten Weg. Auch auf den eigenen Alltag, der unten zurückblieb. Und manchmal vielleicht sogar auf andere Bergsportler, denen er begegnet ist. Wer die Höhen zu Fuß erklommen hat, spöttelt gern über Sessellift- und Seilbahnfahrer. Wer ohne Stöcke wandert, beäugt missbilligend alle mit ausziehbaren Teleskopstöcken. Kletterer haben für die, die lediglich wandern, nur ein müdes Lächeln übrig. Wer ungesichert am Felsen hängt, fühlt sich erhaben über alle, die sich mit Seilen sichern. Und wer beim Skifahren schwarze Pisten in Schussfahrt meistert, zieht eine Augenbraue hoch, wenn er Anfänger sieht, die im Schneepflug den Idiotenhügel herabeiern. Schneller. Höher. Weiter. Riskanter. Fitter. Auch darum geht es manchen beim Bergsport.

Kann man machen. Muss man aber nicht. In den Bergen ist Platz genug für alle.

Erste Schritte aufwärts

Bergwelten früher: Es gab keine Wege und natürlich auch keine Wegweiser. Keine Hütten, keine Einkehrmöglichkeiten. Keine wasserfesten Jacken, keine nahtlosen Wandersocken, keine rutschfesten Gummisohlen und im Notfall keine Handys. Dafür gab es unerforschte Pässe, dunkle Wälder, endlos scheinende Schneefelder. Wilde Tiere konnten überall lauern, Wölfe, Luchse, Bären. Und sogar Banditen, die Wanderern aus den Tälern folgten und sie in der Bergeinsamkeit überfielen. Kein Wunder, dass früher kaum jemand auf die Idee kam, freiwillig Gipfel zu erklimmen. Trotzdem zog es schon früh wenige Wagemutige hoch hinaus.
Hier eine Auswahl prominenter Bergsteiger aus der Geschichte:

Die Ältesten

Spätsommer 1991 in den Ötztaler Alpen: Die Eheleute Erika und Helmut Simon entdecken an einem heißen Septembertag in einer Schmelzwasserpfütze den Hinterkopf und die Schultern eines Menschen. Sie halten diesen schrecklichen Fund für den Leichnam eines Wanderers und holen Hilfe. Tatsächlich hat das Ehepaar aber die sterblichen Überreste eines Steinzeitmenschen gefunden, der vor mehr als fünftausend Jahren vom Eis konserviert worden ist. Inzwischen ist „Ötzi“, wie Journalisten den Mann bald tauften, gut erforscht. Man weiß, dass er kein Unfallopfer war, sondern durch einen Pfeilschuss in den Rücken ermordet wurde. Und die Untersuchung seiner Kleidung, seiner Waffen und seines Mageninhaltes gab interessante Aufschlüsse über sein Leben. Inzwischen ist erforscht, dass er braune Augen, Karies, Borreliose und Flöhe hatte, dass er Lactose nicht vertrug und tätowiert war. Etwa eine Stunde vor seinem Tod hat er eine ausgiebige letzte Mahlzeit zu sich genommen, dabei aß er getrocknetes Steinbockfleisch. Inzwischen haben Archäologen auch herausgefunden, dass der bergsteigende Iceman in den Alpen zu seiner Zeit kein Einzelphänomen war. Am Krahnsattel im Rofangebirge auf einer Höhe von rund zweitausend Metern wurden Lagerstätten von anderen Steinzeitmenschen entdeckt. Schon vor achttausend Jahren, also lange vor Ötzi, haben hier Menschen gelebt. Und uralte Funde verraten auch, was sie hierher verschlug: Sie haben Rohstoffe für die Werkzeugherstellung gesammelt. An diesen Fundorten gibt es nämlich einen ganz speziellen rötlichen Feuerstein, hart und gleichzeitig elastisch, der sich besonders gut bearbeiten lässt.

Die Frommsten

Auf einem Berg ist man nicht nur dem Himmel ganz nah. Wer gläubig ist, fühlt sich dort auch göttlichen Mächten enger verbunden. Seit Jahrtausenden ist das ein wichtiger Grund, Bergspitzen zu erklimmen. Moses hat auf dem Berg Sinai die Zehn Gebote in Empfang genommen. Jesus predigte auf dem

Berg der Seligpreisungen am See Genezareth (seinen Namen erhielt der allerdings erst danach). Mohammed zog sich alljährlich einen Monat lang auf den Berg Hira zurück, um Buße zu tun. Und Buddha meditierte auf dem Geierberg. Auch fromme Mönche kehrten der Welt oft in einsamen Bergregionen den Rücken zu und lebten dort als Eremiten. Das gab es im alten China, in Nepal, im frühen Christentum auch in Europa, und es gibt noch heute Einsiedler in den Bergen. Nicht alle ziehen sich aus religiösen Gründen in Höhlen und Wälder zurück, manche fliehen auch vor der Zivilisation. Sie überleben, wie einst Ötzi in den Bergen überlebt hat, von dem, was die Natur ihnen bietet. Bequem ist das nicht, aber möglich ist es am richtigen Ort auch heute noch. In einem verweichlichten Stadtmenschen steckt kein anderes Erbgut als in unseren Vorfahren vor fünftausend Jahren. Und Bequemlichkeit ist ohnehin nicht das, was moderne Einsiedler suchen. Einsamkeit, Naturnähe, Kontakt zu sich selbst, Abstand zu anderen, darum geht es ihnen. Das suchen übrigens auch Stadtmenschen immer öfter, und zwar bei einer sogenannten Visionssuche. Bei dieser Wiederbelebung eines alten indianischen Rituals begeben sich esoterisch Interessierte nach genau festgelegten Regeln ganz allein ohne Nahrung in die Wildnis, allerdings meist nur vier Tage lang. Diese Zeit dient der Bestandsaufnahme des eigenen Lebens sowie der Neuorientierung, und niemand kommt offenbar als derselbe Mensch zurück, als der er oder sie aufgebrochen ist.

Solche Seminare gibt es inzwischen überall auf der Welt, und Berge sind dafür nicht zwingend erforderlich. Aber in der Wildnis des Hochgebirges schwebt man nicht nur im übertragenen Sinne über den Dingen, sondern auch ganz real. Außerdem ist hier Einsamkeit leicht zu finden, deswegen ist das Angebot besonders groß.

Wegbereiter des Alpinismus

In Dantes *Göttlicher Komödie* folgt auf den Abstieg des Dichters in die Hölle der Aufstieg auf den Läuterungsberg, auf dessen Gipfel das Paradies liegt. Beim Aufstieg befreit Dante sich von allen Sünden und erreicht schließlich auf seinem Weg zum Licht höhere Welten. Was Dante im übertragenen Sinne schilderte, nämlich eine Bergtour, setzte der italienische Dichter Petrarca wenig später in die Tat um. Im Jahr 1336 schilderte er in einem Brief, wie er zusammen mit seinem Bruder den Mont Ventoux bestiegen hatte, einen Berg in der Provence, 1912 Meter hoch.

Petrarca tat dies aus einem ganz modernen Grund: „aus Verlangen“. Sein Bericht ist die erste überlieferte Schilderung einer Bergbesteigung, verknüpft mit begeistertem Naturerleben und der Hoffnung auf inneres Wachstum durch die Bewältigung des steinigen Wegs. Deswegen wird Petrarca noch heute als erster Alpinist bezeichnet.

Ihm folgten zunächst Wissenschaftler, die die Bergwelt erforschten und ihre Heilkraft entdeckten, zum Beispiel die Schweizer Ärzte und Naturforscher Conrad Gessner, Johann Jacob Scheuchzer und Albrecht von Haller. Zu nennen ist hier auch Jean-Jacques Rousseau, der mit seinen Schriften in seinen Lesern die Sehnsucht nach heilen Bergwelten weckte.

Es war jedoch ein Geschäftsmann, nämlich der Reiseveranstalter Thomas Cook, der einem größeren Personenkreis solche Bergerfahrungen nahebrachte, indem er ab 1863 Pauschalreisen in die Schweiz anbot. Das war der eigentliche Beginn des Alpentourismus. Ein wahrer Bergboom war die Folge (siehe auch das Kapitel: Im Höhenrausch).

Warum Frauen auf Berge steigen

Na, warum wohl? Weil Berge da sind. Was Sir Edmund Hillary einst formulierte, gilt natürlich auch für Frauen, genau wie alle anderen Gründe, aus denen Menschen Berge besteigen. Heute ist das keine Frage. Aber noch vor hundert Jahren sah man(n) das anders. Berge waren gefährlich, karg und hoch, also nach damaliger Auffassung eine reine Männerdomäne. Und Bergsteiger hielten sich damals gern für die männlichsten aller Männer, weil sie über Kraft und Ausdauer verfügten, Entbehrungen durchlitten, Wind und Wetter trotzten und sich großen Risiken aussetzten. Die meisten hätten es als Schmälerung ihrer herausragenden Leistungen empfunden, wenn schwache Frauen dieselben Höhenwege bezwungen hätten wie sie. Zum Glück war das ja gar nicht möglich, da waren sich die Herren sicher.

War es aber doch. Das bewies als Erste und quasi aus Versehen die Französin Marie Paradis, die im Jahr 1808 den 4810 Meter hohen Mont Blanc bestieg. Marie Paradis hatte die Besteigung nicht von langer Hand geplant und auch nicht

dafür trainiert. Sie arbeitete als Kellnerin und war mit dem Erstbesteiger des Mont Blanc, Jacques Balmat, bekannt. Nur zum Spaß überredete Balmat sie zum Mitgehen, indem er ihr vor Augen hielt, wie viel Trinkgeld sie verdienen könnte, würde sie durch den Aufstieg eine berühmte Frau werden. Marie Paradis wagte die Tour, hat es aber unterwegs offenbar bitter bereut. Augenzeugen berichteten, man habe sie unterwegs schieben und ziehen müssen.
Wie könnte es auch anders sein, ohne Training und ohne geeignete Kleidung? Trotzdem erreichte sie den Gipfel und eröffnete anschließend als lokale Berühmtheit einen florierenden Teeausschank.
Weitere unternehmungslustige Bergsteigerinnen folgten. Lucy Walker bestieg 1874 als erste Frau das Matterhorn. Sie hatte mit dem Wandern begonnen, um ihren Rheumatismus zu lindern, was offenbar gelang. Und die Amerikanerin Annie Smith Peck bestieg 1908 im Alter von 58 Jahren als erster Mensch den 6655 Meter hohen Huascarán Norte in Peru.
Die Leistungen dieser Pionierinnen des Bergsports sind umso größer, wenn man betrachtet, wie die Damen damals gekleidet waren. Sie trugen im Hochgebirge genau wie beim Spaziergang im Stadtpark wagenradgroße Hüte, zierliche Schnürstiefelchen, enge Korsette und weite Röcke mit Krinolinen, die sich bei Schnee und Regen mit Wasser vollsogen und ein zusätzliches Risiko bedeuteten. Als die Amerikanerin Lizzie Bourne 1855 am Mount Washington tödlich verunglückte, trug sie einen langen, schweren Rock und mehrere

Petticoats. Insgesamt bestand ihre Kleidung aus mehr als vierzig Metern Stoff, und alles hatte sich mit Wasser vollgesogen. Hosen allerdings waren für die damaligen Damen am Berg keine Alternative, sie galten bei Frauen als skandalös und waren teilweise sogar verboten. Stattdessen ersannen die Bergsteigerinnen Vorrichtungen, mit denen sie die Stoffmassen nach Verlassen der Bergdörfer hochbinden konnten. Einzelne Frauen rebellierten allerdings schon früh gegen die Kleidervorschriften ihrer Zeit, zum Beispiel die emanzipierte Schriftstellerin George Sand, die ungeachtet aller Skandale nicht nur beim Bergwandern Männerkleidung trug. Schon um 1840 schrieb sie selbstbewusst: „Ich bitte niemanden um Hilfe; und wenn ich Blumen will, gehe ich selbst zu Fuß in die Alpen.“

Dolomiten

Keine Berge, Seelen von Bergen sind
diese fahlen Zinnen, erstarrt
im Willen zum Aufstieg. Und wir kriechen
an dem unbekannten Festen: Handfläche um Handfläche
mit der gebogenen Spannung der Finger
mit der glatten Haftung der Glieder
besiegen wir den Felsen; mit dem Hunger
der Raubtiere heben wir unseren weichen
Leib auf den Stein; von der Weite berauscht
hissen wir auf dem steilen Gipfel
unsere glühende Zerbrechlichkeit.“

Antonia Pozzi

Preis ohne Schweiß – Bergbahnen

Keine Aussicht ist so atemberaubend und spektakulär wie der Blick auf ein Gebirgsmassiv. Karstige graue Felsen, majestätische Bergriesen, knorrige Wälder, rauschende Wasserfälle, grüne Almwiesen vor einem strahlend blauen Horizont. Ein Anblick, bei dem man sich gleichzeitig erhaben und klein fühlt. Nirgends kann man besser durchatmen, nachdenken, Distanz gewinnen.

Als die ersten Wanderer erfolgreich Gipfel erklommen hatten und berichteten, was sie dort oben erlebt hatten, boomte daher bald danach der Alpentourismus. Alle wollten plötzlich hinauf. Und wer sich die schwierigen Touren nicht zu Fuß zutraute, suchte sich Träger, die ihn in einer schaukelnden Sänfte auf schmalen Pfaden durch die Bergwelten trugen, was allerdings auch nicht ungefährlich war.

Kein Wunder, dass Ingenieure schon bald daran tüftelten, wie man Touristen per Bahn auf die Gipfel bringen konnte. Die neu erfundene Eisenbahn war in Bergregionen leider nicht einsetzbar, normale Schienenfahrzeuge wären ab einem bestimmten Steigungsgrad einfach wieder abwärts gerollt.

Daher entwarf der amerikanische Erfinder Sylvester Marsh 1861 die erste Zahnradbahn der Welt. Sie verfügte nicht über zwei, sondern über drei Schienen, die mittlere bestand aus einer gezähnten Stange. Zahnräder unter den Bahnwagen griffen in die Kerben, hielten das Gewicht der Bahn und verhinderten ein Durchdrehen der Räder. 1869 wurde dieses Prinzip erstmals am Mount Washington im US-Bundesstaat New Hampshire umgesetzt, und schon 1870 nahm die erste Zahnradbahn Europas ihren Betrieb auf, die Vitznau-Rigi-Bahn in der Schweiz.

Zahnradbahnen hatten allerdings zwei Nachteile: Sie konnten nur langsam fahren und allenfalls eine Steigung von 25 Prozent überbrücken. Steilere Strecken schafften dagegen Standseilbahnen, bei denen zwei Wagen durch Drahtseile verbunden waren. Das Gewicht des einen Wagens zog beim Herabfahren den anderen Wagen auf den Berg hinauf. Dabei musste der talwärts ziehende Wagen natürlich schwerer sein als der andere, was durch einen Wassertank erreicht wurde, der auf dem Berg gefüllt und im Tal entladen wurde. In der Mitte des Berges, an der Stelle, an der sich die Wagen begegneten, musste eine Ausweichstelle gebaut werden.

Schienen konnten allerdings in unwirtlichem Gelände nicht gebaut werden. Deswegen tüftelten die Ingenieure weiter, und 1908 wurde in Bozen die erste alpine Luftseilbahn für Touristen eröffnet. Damit begann die Erfolgsgeschichte der Luftseilbahnen, die auch durch spektakuläre Unglücke nicht gestoppt wurde.

Heute gibt es Bahnen mit offenen Sesseln und solche mit geschlossenen Gondeln, Kabinen mit Glasböden und Glasdecken, solche, die sich bei der Fahrt drehen, und Gondeln mit offenem Verdeck. In Irland gibt es eine Seilbahn für

Kühe, und in Finnland sogar eine Saunagondel. Man kann sich von Seilbahnen aus auch am Bungee-Seil in die Tiefe stürzen. Seilbahnen werden inzwischen übrigens nicht nur im Gebirge eingesetzt, sondern auch im Personennahverkehr von Städten, zum Beispiel in der kolumbianischen Millionenstadt Medellin oder auch in New York.

Der Schatz des Forrest Fenn

Warum auf Berge klettern? Auf diese Frage könnten viele Bergwanderer in den Rocky Mountains eine ungewöhnliche Antwort geben. Falls sie darüber sprechen würden. Aber das tun sie selten. Lieber geben sie sich zur Tarnung als ganz normale Touristen aus.

Viele Wanderer in den Rocky Mountains befinden sich nämlich in Wahrheit auf Schatzsuche, und ihr Ziel ist eine Kiste, gefüllt mit Gold und Edelsteinen im Wert von mehr als einer Million Euro. Irgendwo in dem fünftausend Meilen langen Höhenzug muss diese Kiste versteckt sein. Und als Schatzkarte dient diesen Wanderern ein Gedicht.

Geschrieben hat es der Multimillionär und Kunsthändler Forrest Fenn, und er war es auch, der die Schatzkiste nach eigenem Bekunden irgendwo in den Rocky Mountains in den Weiten der Wildnis versteckt hat. 1988, als Forrest Fenn 57 Jahre alt war, diagnostizierten seine Ärzte bei ihm Nierenkrebs und prophezeiten sein baldiges Ende. Damals reifte in ihm die Idee, sich mit einem legendären Schatz Unsterblichkeit zu verschaffen. Er wollte sich selbst zusammen mit einer Schatztruhe in den Bergen verstecken und daneben sterben. Wer ihn fand, sollte das Gold behalten dürfen.

Sein Krebs konnte dann aber doch operiert werden, und die Schatztruhe lagerte unvergraben im Tresor von Forrest Fenn. Im Jahr 2010, kurz vor seinem achtzigsten Geburtstag, entschloss sich der kreative Exzentriker dann aber, seinen Plan doch noch umzusetzen und den Schatz zu verstecken, allerdings ohne selbst dabei zu sterben. Er zog ganz allein in die Einsamkeit der Berge und verbarg die Kiste dort irgendwo. Hat er sie vergraben? In einer Höhle untergebracht? In einem Flussbett versenkt? Niemand weiß das. Ein paar Hinweise auf ihren Verbleib gab Fenn Schatzjägern allerdings in einem kryptisch formulierten Gedicht, einige weitere versteckte er in seiner Autobiografie. Und auch später verkündete er hin und wieder ein paar neue Tipps für die Suche im Internet. So gab er beispielsweise bekannt, dass sich der Schatz nördlich von Santa Fe in einer Höhe von über 1500 Meter über dem Meeresspiegel befindet.

Seitdem suchen Jahr für Jahr Tausende von Abenteuerlustigen unermüdlich nach dem Schatz und verwischen dabei ihre Spuren, sodass ihnen niemand folgt. Zwei haben dabei schon ihr Leben gelassen. Aber das ist für Fenn kein Grund, das Rätsel aufzulösen. Wenn jemand im Pool ertrinkt, beschuldigt man ja auch nicht das Wasser, sagte er dazu.

In der Truhe befinden sich übrigens nicht nur Wertgegenstände, sondern angeblich auch schriftliche Aufzeichnungen des Multimillionärs. Aus ihnen soll man viel über die Natur des Menschen erfahren. Aber darüber erfährt man auch schon viel, wenn man Fenn und die Jäger seines verborgenen Schatzes betrachtet. Und noch mehr über die menschliche Natur würde man erfahren, wenn die Truhe gefunden würde und sich herausstellen sollte, dass sie in Wahrheit leer ist.

Schatzschmiede Erde

Lust auf eine Schatzsuche beim Wandern? Fast überall in den Bergen kann man natürliche Bodenschätze finden, sogar Gold und Edelsteine.

Das Besondere an Gold ist neben seiner auffälligen Farbe seine Unvergänglichkeit. Es rostet nicht, es läuft nicht an. Außerdem ist es leicht zu bearbeiten und sehr selten, das macht es so wertvoll. Gold kommt im Berg nicht nur als Goldquarz vor, sondern oft auch in reiner Form, manchmal in Adern, selten in Form von Nuggets, meistens in winzigen Partikeln, die von Quellen, Bächen und Flüssen aus dem Gestein ausgewaschen und an anderen Stellen angelagert wurden. Und aus Wasser kann man es auch heraussieben.
Für diese Art der Goldsuche muss man nicht in den Wilden Westen oder nach Alaska fahren. Kleinere Vorkommen gibt es auch in Deutschland, Österreich und der Schweiz. Einfach mal im Internet nach Fundstellen suchen!

Silber ist nach Gold das zweitedelste Metall. Es leitet von allen Metallen am besten. Früher war es deshalb zeitweise wertvoller als Gold. Aber dann entdeckten spanische Eroberer im 16. Jahrhundert in Lateinamerika riesige Silbervorkommen und überschwemmten damit den Markt. Heute braucht man im Bereich der Elektronik zunehmend Silber, und es gewinnt wieder an Wert. Man findet es in Silberadern

tief im Berginneren und fördert es in Minen und Stollen ans Tageslicht. Solche Minen gab es früher auch hier, zum Beispiel im Harz, in Thüringen, Sachsen, im Schwarzwald und in Tirol. Heute kommt das meiste Silber aus Mexiko, China und Peru.
In Silberadern kommt Silber allerdings nur selten in Reinform vor, als Fäden, Plättchen oder Körner. Öfter findet man es in Form von Silbererz, also als Mineraliengemenge (daher auch der Name Erzgebirge) oder als Beimengung in sogenanntem Bleiglanz. Es muss dann noch mit chemischen Verfahren aus dem Gestein gewonnen werden.
Ob ein silbrig schimmernder Stein Silber enthält, kann man als Laie nicht erkennen, und auch die Reinigung ist schwer. Reich wird man mit solchen Funden also garantiert nicht.

Diamanten wären besser, und die gibt es sogar im Nördlinger Ries in Schwaben. Allerdings sind sie hierzulande so winzig, dass man sie nur unter dem Mikroskop sieht. Andere Schmucksteine kann man aber auch in unseren Bergen finden: klare Bergkristalle, violette Amethyste, weinrote Granate, dunkelgrün schimmernde Smaragde, bräunliche Rauchquarze, geheimnisvoll glimmende Mondsteine. In der Schweiz heißen Sammler, die in den Alpen Mineralien suchen, Strahler, und in manchen Regionen benötigt man dafür ein gebührenpflichtiges Patent. Solange man nichts zerstört, darf man in Deutschland und Österreich kostenlos Edelsteine sammeln. Nur in geschützten Gebieten ist es manchmal verboten.

Wie kommen die Schätze in den Berg?

Der innerste Kern unserer Erde besteht ganz und gar aus Metall, hauptsächlich aus Eisen und Nickel, aber auch aus Silber und Gold. Als die Erde vor Urzeiten nämlich noch heiß und flüssig war, sind die Metalle ganz nach unten gesunken, weil sie schwerer als das geschmolzene Gestein waren.
Wissenschaftler sagen: In diesem Metallkern im Erdinneren befindet sich immer noch fast alles Gold und Silber der Erde. Vermutlich ist bis jetzt nichts an die Oberfläche gedrungen.
Aber wie kann das sein? Gold und Silber gibt es ja auch hier oben, wenn auch nicht viel. Wie ist es da hingekommen?
Genau ist das noch nicht geklärt. Vermutlich stammt es aus dem Weltall. Vor ungefähr vier Milliarden Jahren traf nämlich ein gewaltiger Meteoritenschwarm die Erde, und diese Festkörper aus dem All brachten auch Gold und Silber mit, das sich auf der noch jungen Erde ablagerte. Im Laufe von Jahrmilliarden hat sich dieses Material mit den oberen Erdschichten vermischt. Es wurde zerrieben, sickerte mit Wasser in Öffnungen, gelangte ins Erdinnere, wurde von Vulkanen wieder ausgespien und setzte sich irgendwann in Felsen und Spalten ab.
Kristalle hingegen sind in der Regel irdisch und nicht himmlisch. Sie entstehen, wenn Gestein im Erdinneren schmilzt, von Vulkanen an die Erdoberfläche geschleudert wird und dann erkaltet. Wenn dabei durch Zufall optimale Bedingungen herrschen, bildet sich beim Erkalten kein normaler Stein, sondern ein glitzernder, hübscher Kristall.

Berggeister

Sagen und Liedern zufolge werden Schätze in den Bergen oft von den unterschiedlichsten Berggeistern bewacht. Mal sind diese Geistwesen riesig, mal winzig, mal hilfreich und freundlich, mal grausam und gefährlich. Wer sich mit ihnen gut stellt, wird in der Regel reich belohnt. Manchmal lauern sie aber auch Wanderern auf, entführen Kinder und rauben Vieh.

Irgendetwas muss in den vergangenen Jahrhunderten jedoch passiert sein, denn Berichte von Berggeistsichtungen werden immer seltener. Sind sie ausgestorben? Abgewandert? Zeigen sie sich nicht mehr, weil sie keinen Medienrummel mögen? Niemand weiß es. Vielleicht sind moderne Menschen auch nur zu unaufmerksam, wenn sie in den Bergen unterwegs sind, und nehmen die Geister nicht mehr wahr. Oder es gibt sie gar nicht – was schade wäre, denn einige sind ausgesprochen liebenswert.

Bergmännchen oder Zwerge

Bei diesen harmlosen, freundlichen Wesen muss man ganz genau hinsehen, denn sie sind winzig. Doch selbst wenn man sie nicht sieht, kann man sie angeblich manchmal hören, sie wohnen nämlich im Berg, kichern viel und klopfen im Gestein herum, um Gold, Silber und Edelsteine zu gewinnen. Sie kommen nie einzeln, sondern immer in größeren Gruppen vor. Bekleidet sind sie mit bunten Kittelchen und Zipfelmützen. Die Brüder Grimm haben vor zweihundert Jahren alles Wissen gesammelt, das über sie bekannt war:

„Diese Bergmänner sind auch Hirten, aber nicht Ziegen, Schafe und Kühe sind ihr Vieh, sondern Gämsen, und aus der Gämsenmilch machen sie Käse, die so lange wieder wachsen und ganz werden, wenn man sie angeschnitten oder angebissen, bis man sie unvorsichtigerweise völlig und auf einmal, ohne Reste zu lassen, verzehrt. Still und friedlich wohnt das Zwergvolk in den innersten Felsklüften und arbeitet emsig fort, selten erscheinen sie den Menschen, oder ihre Erscheinung bedeutet ein Leid und ein Unglück; außer wenn man sie auf den Matten tanzen sieht, welches ein gesegnetes Jahr anzeigt. Verirrte Lämmer führen sie oft den Leuten nach Haus, und arme Kinder, die nach Holz gehen, finden zuweilen Näpfe mit Milch im Wald stehen, auch Körbchen mit Beeren, die ihnen die Zwerge hinstellen."

König Laurins Rosengarten

Laurin war der Sage nach der König eines Bergmännchenvolkes in den Dolomiten. Dank seiner Zauberkräfte gelang es ihm, in einem von Bergspitzen umgebenen Geröllfeld in den Dolomiten einen Rosengarten anzupflanzen. Er verliebte sich in ein Menschenmädchen, eine schöne Königstochter namens Similde, entführte sie und brachte sie in seinen Rosengarten, wo er sie umsorgen und verwöhnen wollte. Doch kein Geringerer als der Nibelungenheld Dietrich von Bern zog aus, um Similde zu befreien.

Beim Herannahen des Helden und seines Gefolges verbarg Laurin sich unter einer Tarnkappe und versteckte sich im Garten, doch die raschelnden Rosen verrieten Dietrich und seinen Mannen den Aufenthaltsort des Zwergenkönigs. Sie überwältigten ihn, wobei sie viele Rosen zerstörten und den Zorn des Zwergs erregten. Noch bevor er abgeführt wurde, belegte er daher seinen bezaubernden Garten mit einem Fluch: Nie wieder sollte ein Menschenauge ihn erblicken, weder bei Tag noch bei Nacht.

Bei diesem Fluch hatte der Zwerg in der Aufregung allerdings die Dämmerung vergessen. Und so kommt es, dass das Bergmassiv in den Dolomiten, das den Namen Rosengartengruppe trägt, noch heute morgens und abends im Dämmerlicht oft rosenrot erglüht.

Bergriesen

Weniger freundlich als Bergmännchen sind Bergriesen. Dabei handelt es sich um eigentlich unsichtbare und sehr gefährliche Berggeister, die sich, wenn's drauf ankommt, in Riesen verwandeln können. Der bekannteste Vertreter dieser Spezies ist Rübezahl, der im Riesengebirge lebt und ein ausgesprochen launischer, ungestümer, wankelmütiger Gesell ist. Manchmal zeigt er sich Menschen gegenüber freundlich, manchmal nicht. In seinen Stimmungstiefs verfolgt er Wanderer mit Donner, Blitz, Hagel und Schnee.

Vermutlich ist Rübezahl aber kein böser, sondern einfach nur ein sehr trauriger Berggeist. Er soll nämlich einst ein schönes Menschenmädchen namens Emma entführt und ihr sein Edelsteinreich zu Füßen gelegt haben. Um sie glücklich zu machen, soll er ihr sogar Zauberrüben geschenkt haben, die sie in Gespielinnen verwandeln konnte, wenn ihr langweilig war. Emma allerdings wollte nicht in Rübezahls Reich leben, daher wandte sie eine List an: Sie versprach dem Riesen ihre Hand, sofern er ihr die Zahl seiner Rüben auf dem Feld nennen könne. Als Rübezahl daraufhin seine Rüben zählte, nutzte sie seine Ablenkung für ihre Flucht.

Kein Wunder, dass Rübezahl seitdem oft ziemlich schlechte Laune hat. Man soll ihn übrigens niemals Rübezahl nennen, wenn man ihn persönlich trifft, denn dann bricht sein ganzer Kummer wieder auf, und seine Rache kann furchtbar sein. Die korrekte Anrede ist „Herr der Berge".

Rübezahl

Es rauschen die Tannen und Föhren,
Und Geisterflüsterton
Umweht in schaurigen Chören
Den felsigen Bergesthron.

Darunter dehnt kristallen
Durch des Berges nächtlichen Schacht
Sich weit in schimmernden Hallen
Des Abgrunds einsame Pracht.

Da lodern die hellentbrannten
Kleinode von Anbeginn:
Smaragde, Diamanten,
Karfunkel und Rubin.

In der Tiefe fördern die Zwerge
Der Metalle kochenden Strom:
Der Geisterfürst der Berge
Sitzt traurig im Felsendom.

Was sind ihm die gold'nen Horte,
Der Tiefe wogender Qualm?
Ihm rauscht durch die Felsenpforte
Vom Winde der Tannen Psalm.

Die feiern des Vollmonds Vigilie,
Und rauschen ein träumerisch Lied
Von einer schönen Lilie,
Die drunten im Tale blüht.

Robert Hamerling

Früher glaubten die meisten Menschen, dass die Berge von einer Vielzahl von Dämonen, Hexen und teuflischen Gestalten bewohnt wurden. Das waren für sie nicht nur Sagen, davor fürchteten sie sich wirklich. Man kann sich das heute gar nicht mehr richtig vorstellen, aber man denke nur an die Hexenverfolgung, die in Europa nicht nur im Mittelalter, sondern bis zum Jahr 1793 bittere Realität war. Und wer daran glaubt, dass Frauen über magische Kräfte verfügen können und dafür hingerichtet werden müssen, der glaubt auch schnell an Hexen, die sich in der Walpurgisnacht auf dem Brocken zum Tanz treffen, und ebenso an böse Geister, die im Gebirge auf arme Seelen lauern. Tief verwurzelt war in vielen Regionen auch der Glaube an einen Bergteufel mit glühenden Augen und giftigem Atem, der sich angeblich manchmal als Mönch in schwarzer Kutte verkleidete. Und immer wieder ist auch von Untoten die Rede, die als Menschen Unrecht erlitten hatten und nun ihr grausames Schicksal in Geistergestalt rächten. Manchmal wird in Sagen auch ein Fluch als Ursache für dämonisches Treiben im Gebirge genannt.

Am Hang und im Bergwald

Was grast denn da?
Mufflon, Steinbock oder Gämse?

Schroffe Hänge, karge Felsen, weit und breit kein Lebewesen zu sehen. Denkt man. Bis sich einer der Steine plötzlich bewegt. Wenn dieser bewegliche Stein dann auch noch Hörner trägt, ist der Fall klar: kein Stein, ein Steinbock. Oder vielleicht doch eine Gämse? Oder gar ein Mufflon?

Alle drei Tierarten leben hoch oben im Gebirge und kommen bis oberhalb der Baumgrenze vor. Von Weitem lässt sich der Unterschied zwischen den Arten nur schwer feststellen, aber ein Blick durchs Fernglas kann helfen. Trägt das Tier lange, gleichmäßig leicht nach hinten gebogene Hörner, handelt es sich eindeutig um ein stattliches Steinbockmännchen, dessen Hörner bis zu einem Meter lang werden können. Die Hörner der Gämsen sind viel kleiner und dünner. Außerdem sind sie nicht gleichmäßig gebogen, sondern nur an der Spitze abgerundet. Von der Form her ähneln sie dem Griff eines Regenschirmes.

Sind die Hörner des Tiers kreisförmig gebogen, handelt es sich um einen Mufflon, also ein Wildschaf. Und beim weiblichen Muffelwild fehlen die Hörner ganz. Schwierig wird die Bestimmung, wenn das Tier nur einen kleinen Kopfschmuck trägt. Junge Steinböcke haben nämlich nur ganz kleine Hörnchen, die denen von Gämsen ähneln.

Man kann die beiden Arten aber an der Fellfarbe unterscheiden. Hat das Tier einen schwarz-weiß gestreiften Kopf, ist es ganz sicher eine Gämse. Ist der Kopf einfarbig bräunlich oder gräulich ist es eine Steingeiß, das Weibchen des Steinbocks. Und wenn es auch noch ein Ziegenbärtchen trägt, handelt es sich um ein junges Steinbockmännchen.

Übrigens: Den Kopfschmuck von Hirschen und Rehen nennt man „Geweih“, der von Steinböcken und Gämsen wird als „Hörner“ bezeichnet. Und es gibt nicht nur in der Bezeichnung Unterschiede, auch der Aufbau ist anders. Ein Geweih besteht aus Knochensubstanz, Hörner dagegen sind innen hohl und bestehen aus Keratin, also aus demselben Material wie Haare und Fingernägel.
Außerdem wird das Geweih von seinem Besitzer jährlich abgeworfen und neu gebildet, Hörner dagegen sind fest am Kopf verankert, bleiben dort ein Leben lang und wachsen jedes Jahr ein kleines Stück. Deswegen kann man vom Geweih nicht auf das Alter eines Tieres schließen, an Hörnern kann man es dagegen ganz genau ablesen. Das funktioniert ähnlich wie bei den Jahrringen eines Baumes. Beim Steinbock wachsen jedes Jahr zwei neue „Wulste“ zum Horn dazu.

Wer hat Angst vorm bösen Wolf? Viele! Sagen und Märchen zeichnen ein wahres Schauerbild von diesem Wald- und Bergbewohner, und das hat sich in unseren Köpfen seit Kindheitstagen festgesetzt.
Böse sind Wölfe aber nicht. Sie sind Raubtiere, nicht mehr und natürlich auch nicht weniger. Menschen passen nicht in ihr Beuteschema, vor ihnen ziehen sich gesunde Wölfe ängstlich zurück. Selbst in Wolfsgegenden ist es extrem unwahrscheinlich, eins dieser scheuen Tiere zu Gesicht zu bekommen, und wenn es zu angeblichen Wolfsangriffen auf Menschen kam, stellt sich später meist heraus, dass die Angreifer in Wahrheit verwilderte Hunde waren.
Ob und unter welchen Umständen Wölfe in Extremfällen auch Menschen angreifen, wird noch erforscht. Fest steht: In den vergangenen fünfzig Jahren kam es in Europa zu neun tödlichen Wolfsangriffen. Fünf dieser neun Wölfe litten an Tollwut, und die ist hier bei uns längst erfolgreich bekämpft worden. Deutschland, Österreich, die Schweiz, Italien, Frankreich, Tschechien, Spanien, Portugal, Großbritannien und die skandinavischen Länder gelten offiziell als tollwutfrei. In Italien, einem Land, in dem die Wölfe nie ganz ausgestorben waren und in dem heute wieder ungefähr 1500 Wölfe leben, konnten seit Beginn des Zweiten Weltkriegs keine Wolfsangriffe auf Menschen verzeichnet werden. Kühe, Pferde und

Hunde haben in diesem Zeitraum sehr viel mehr Menschen getötet. Und das gefährlichste Wildtier überhaupt ist in unserer Klimazone die Zecke, denn sie überträgt viele Krankheiten, die ebenfalls tödlich enden können.
Aus Angst vor Wölfen muss man daher als Wanderer keine Gegend Europas meiden.

Wo kann man auf Wölfe treffen?

In den Zentralalpen leben rund 120 Wölfe. Vor allem auf Wanderungen in den französischen und italienischen Alpen, aber auch in der Schweiz könnte man also mit ganz viel Glück Wölfe sichten. Auch in den Vogesen haben sich in den vergangenen Jahren einige wenige angesiedelt, und wer durch die Karpaten wandert, kann ebenfalls auf Meister Isegrim stoßen.
In Deutschland gibt es bis jetzt nur im Flachland richtige Wolfsrudel, zum Beispiel in Niedersachsen, Brandenburg, Mecklenburg-Vorpommern, Sachsen und Sachsen-Anhalt. Erstmals gab es 2017 auch in Bayern Wolfsnachwuchs in freier Wildbahn, und im Schwarzwald wurde ebenfalls 2017 ein Einzeltier gesichtet, aber das wurde illegal erschossen.
Wölfe brauchen keine Bergwelt, um überleben zu können. Sie sind anpassungsfähige Tiere, die in einer Vielzahl an Landschaften leben können: Ob Flachland oder Gebirge, Wald oder Steppe, bis vor hundert Jahren kamen sie nahezu überall in Europa vor. Bis zum Ende des 19. Jahrhunderts wurden sie

allerdings in West- und Mitteleuropa nahezu ausgerottet. Sie jagten nämlich nicht nur Wildtiere wie Rehe, sondern erlegten auch Schafe und sogar Rinder.
Seit Mitte des 20. Jahrhunderts erholt sich der Wolfsbestand in Europa wieder, da Wölfe zunehmend unter Schutz gestellt wurden. Heute leben hier ungefähr 18000 Wölfe.

Was tun, wenn man einen Wolf sieht?

Auf keinen Fall wegrennen! Damit stachelt man die Neugier und den Jagdtrieb des Tieres an. Stattdessen sollte man stehen bleiben und den Wolf ruhig ansprechen, um sich bemerkbar zu machen. In den meisten Fällen zieht er sich dann zurück. Wenn das nicht passiert, sollte man langsam rückwärtsgehen, dem Wolf dabei nicht den Rücken zuwenden und ihn im Blick behalten. Sollte der unwahrscheinliche Fall eintreten, dass sich der Wolf nähert: stehen bleiben, laut rufen, klatschen, sich groß machen und eventuell etwas nach dem Wolf werfen, um ihn einzuschüchtern. Dann flieht er.
Hundebesitzer sollten ihre Hunde anleinen und nah bei sich halten. Niemals, wirklich nie, sollte man einen Wolf anlocken oder gar füttern! Wer Wölfe zähmt, gefährdet ihr Leben, denn ein halbzahmer Wolf flieht nicht mehr vor Menschen und muss sicherheitshalber erschossen werden.

Herdenschutz

Für Menschen sind Wölfe im Normalfall also nicht gefährlich, für Schafe und Ziegen aber schon. Wenn sie ungeschützt in den Bergen weiden, sind sie leichte Beute für Meister Isegrim. In Wolfsregionen werden daher verschiedene Sicherungsmethoden für weidendes Vieh angewandt. In manchen Gegenden, vor allem in der Schweiz, wird es von großen, weißen Herdenschutzhunden mit Spezialausbildung begleitet. Sie wachsen vom Welpenalter an mit den Tieren auf, die sie später hüten sollen, und verteidigen ihre Schützlinge dann auch sehr effektiv, allerdings nicht nur gegen Wölfe, sondern gegen jeden, der sie stört. Auch Bergsportler, Wanderer und vor allem Hundebesitzer sollten sich vor ihnen in Acht nehmen.

Schutz können auch Esel bieten, die Wölfe von Weitem wittern und durch lautes Schreien verjagen. In den Höhenlagen der Alpen kommen die allerdings mit dem Klima nicht zurecht, deswegen werden jetzt auf manchen Almen Lamas zur Vertreibung der Wölfe eingesetzt. Wölfe jagen nämlich normalerweise Tiere, die flüchten. Das tun Lamas aber nicht. Sie gehen auf die Angreifer zu, stoßen Alarmrufe aus, schlagen mit den Vorderbeinen nach ihnen und spucken sie an. Damit rechnen die Wölfe nicht, und sie nehmen Reißaus.

Tipps für das Verhalten gegenüber Herdenschutzhunden

- Ruhig bleiben, wenn die Schutzhunde bellen.
  Das ist ihr Job!

- Hunde nicht mit schnellen Bewegungen provozieren.
  Jogger und Biker sollten stoppen.

- Langsam abdrehen und die Herde weiträumig umgehen.

- Nicht streicheln, füttern oder zum Spielen auffordern.

- Ignorieren, wenn sie beim Weitergehen folgen.

Vorm Mitführen eigener Hunde wird in Gebieten mit Herdenschutzhunden grundsätzlich gewarnt. Wenn man es dennoch riskieren will, sollte man den eigenen Hund angeleint dicht bei sich führen, damit er die Schafe nicht erschreckt. Bei einer Auseinandersetzung zwischen den Hunden muss man ihn aber ableinen. Achtung: Nie in einen Hundekampf eingreifen! Damit macht man alles nur noch schlimmer.

Was brummt denn da?
Bären

Bären sind bei uns selten. Die einzige auf dem europäischen Kontinent vorkommende Art ist der Braunbär, und die meisten Exemplare findet man in Russland (ungefähr 100 000). Zieht man die einmal ab, sind es im restlichen Europa nur noch ungefähr 14 000 Bären, die fast alle in den Karpaten, in Skandinavien und in den Dinariden leben.
Trotzdem muss man nicht weit reisen, um im Freiland auf Bären treffen zu können. Kleine Gruppen leben nämlich auch in Slowenien, in den Pyrenäen und im Apennin. Und sogar im Alpenraum gibt es eine kleine Bärenpopulation, und zwar im Trentino in Norditalien. Dort leben ungefähr vierzig bis fünfzig Tiere, und von dort wandern hin und wieder einzelne Bären aus. Meistens sichtet man sie in der Schweiz, aber auch in Österreich wurden schon Tiere beobachtet.
In Deutschland war 2006 erstmals seit 180 Jahren wieder ein Braunbär unterwegs, auch er stammte aus Italien. „Problembär" Bruno riss auf seinem Weg zahlreiche Nutztiere und hielt sich häufiger in der Nähe von Siedlungen auf. Deswegen wurde er als gefährlich eingestuft und erschossen.
Ob Bruno tatsächlich Menschen angegriffen hätte, ist ungewiss. Fest steht aber: Bären können aggressiv werden, wenn sie sich bedroht fühlen, und dann greifen sie durchaus an. Auch im Trentino kommt es immer mal wieder zu Bärenattacken.

Was tun, wenn man einen Bären sieht?

Prävention ist der beste Schutz. Normalerweise attackieren gesunde Braunbären Menschen nicht, sie gehen ihnen lieber aus dem Weg. Deshalb ist es nicht gut, einen Bären zu überraschen, dann fühlt er sich bedroht. Man sollte sich durch Bärengebiete also immer möglichst laut bewegen, um die Tiere vorzuwarnen, am besten in einer Gruppe, und ein Lied auf den Lippen kann hier Leben retten. Manche Wanderer haben auch ein Bärenglöckchen am Rucksack, damit sie ständig Geräusche von sich geben.

Von Kadavern sollte man sich in Bärengebieten grundsätzlich fernhalten, hier kann es sich um Beute handeln, die noch bewacht wird. Und beim Zelten sollte man Lebensmittel in ausreichender Entfernung zum Zelt in luftdichten Verpackungen lagern oder sie sogar in einen Baum hängen. Das Gleiche gilt für Abfälle. Viele menschliche Lebensmittel schmecken Bären und ziehen sie geradezu magisch an.

Sieht man Bärenjunge, heißt das höchste Alarmstufe, denn die Bärin ist selten weit entfernt. Gerät man zwischen sie und ihren Nachwuchs, muss man sich gegen zweihundert Kilo geballte Mutterliebe behaupten. Also schnell den Rückzug antreten!

Wenn alle Präventionsmaßnahmen scheitern und Meister Petz doch vor einem steht, sollte man auf keinen Fall wegrennen. Bären hetzen ihre Beute, sie folgen auch rennenden Menschen. Und trotz ihrer vermeintlichen Plumpheit sind

Bären immer schneller. Anders als bei Wölfen sind auch Drohgebärden oder Versuche, die Tiere zu verscheuchen, falsch, damit reizt man sie nur.
Stattdessen sollte man sich extrem menschlich verhalten, um sich von anderen Beutetieren zu unterscheiden, also ruhig sprechen, langsam die Arme auf und ab bewegen, dabei gleichmäßig rückwärtsgehen und den Bären nicht aus den Augen verlieren. Folgt er einem, sollte man stehen bleiben, so schwer es auch fällt. Man muss dann weiter auf ihn einreden, sich groß machen, indem man die Arme hebt, Geräusche erzeugen, zum Beispiel in die Hände klatschen, sprechen, aber nicht schrill schreien.
Wenn ein Braunbär tatsächlich angreift, kann man sich nur noch tot stellen. Man rollt sich am besten auf dem Boden ein, legt die Hände schützend über den Nacken und bewegt sich nicht mehr, was auch passiert. Lässt der Bär immer noch nicht ab, kann man versuchen, seine empfindlichsten Stellen, nämlich Augen und Nase, mit Schlägen zu treffen. Ein Bärenspray, also ein besonders starkes Pfefferspray, kann in solchen Fällen Leben retten.

Was schleicht denn da?

Luchse

Wenn man über jemanden sagt, er hätte Ohren wie ein Luchs, ist damit nicht das Aussehen seiner Gehörorgane gemeint. Auf den Spitzen von Luchsohren wachsen nämlich fünf Zentimeter lange Haarbüschel, und die hat kein Mensch. Die Rede ist von dem enorm guten Hörvermögen der Luchse – und da kommen doch wieder die sogenannten Ohrpinsel ins Spiel. Sie haben nämlich eine ähnliche Wirkung wie Antennen und ermöglichen es dem Luchs, die Herkunft eines Geräuschs genau zu orten. Er kann über eine Entfernung von mehr als fünfzig Metern das Rascheln einer Maus hören. Und nicht nur das! Er hat auch ebenso gute Augen und kann sie aus derselben Entfernung sogar sehen. Luchsaugen sind außerdem sechsmal so lichtempfindlich wie die von Menschen, daher können Luchse auch nachts auf die Jagd gehen. Manchmal sagt man auch, jemand würde „aufpassen wie ein Luchs". Und auch das hat einen wahren Kern. Denn Luchse sind gute Wächter und nehmen ihre einzigen Feinde, die Menschen, schon aus weiter Entfernung wahr. Vertreiben lassen sie sich allerdings nicht so leicht. Sie bleiben einfach still in ihrem Versteck, meist auf einem Felsen, sitzen und luchsen von dort auf Wanderer herab. Dabei vertrauen sie auf ihre perfekte Tarnung, denn dank ihres braun-schwarz gemusterten Fells verschmelzen sie mit ihrer Umgebung und bleiben für Menschen meist unsichtbar.

Das ist auch besser so. Menschen waren es schließlich, die den eurasischen Luchs jahrhundertelang gejagt und bis Anfang des 20. Jahrhunderts in Westeuropa komplett ausgerottet haben. Einerseits ging es ihnen um das schöne Fell der Wildkatzen, andererseits wollten sie den Nahrungskonkurrenten beseitigen, der Rehe und selten auch Schafe riss. Und nicht zuletzt schrieb man dem still schleichenden Pinselohr auch negative Charaktereigenschaften zu, hielt ihn für böse und gefährlich. Dabei sind Luchse für Menschen wirklich vollkommen harmlos. Ein Luchsangriff konnte noch in keinem einzigen Fall belegt werden.

Erst durch zahlreiche Auswilderungsprojekte konnte der Luchs in einigen Teilen Mitteleuropas wieder angesiedelt werden. Auf leisen Pfoten schleicht er inzwischen wieder durch die Alpen, den Jura, die Vogesen, den Harz, das Fichtelgebirge und das Rothaargebirge. Einzelne Exemplare wurden auch im Schwarzwald und auf der Schwäbischen Alb gesehen. Wenn man tatsächlich zu den wenigen Glückspilzen gehört, die einen Luchs in freier Wildbahn beobachten können, ist es am besten, sich ruhig zu verhalten und nicht weiter auf das Tier zuzugehen. Läuft der Luchs nicht sofort weg, muss man keine Angst haben. Das gehört zu seiner Tarnungstaktik, vermutlich hofft das Tier immer noch, übersehen zu werden, oder es ist einfach neugierig. Wem die Situation doch nicht ganz geheuer ist, der kann den Luchs durch lautes Rufen oder Händeklatschen vertreiben.

Übrigens: Die Trittsiegel des Luchses sind ungefähr dreimal so groß wie die Fußspur einer Katze. Anders als bei Wolf und Hund zeichnen sich dabei die Krallen nicht ab, da sie beim Laufen eingezogen werden.

Was nadelt denn da?
Kiefer oder Lärche?

Je höher man steigt, desto öfter trifft man im Wald auf Nadelbäume. Das ist kein Zufall, denn Nadelbäume kommen mit weniger Wasser aus als Laubbäume, und Wasser ist in steinigen Böden rar.

Aber was genau wächst da eigentlich? Wenn es keine Tanne und keine Fichte ist (siehe das Kapitel „Tanne oder Fichte?"), könnte es sich um einen dieser Kandidaten handeln:

Kiefern

Im Gegensatz zu Tanne und Fichte wachsen bei der Kiefer die Nadeln nicht einzeln am Ast, sondern sie stehen in Bündeln zusammen. Ein Nadelbündel umfasst je nach Kiefernart zwei bis acht Nadeln. Sie sind außerdem länger als die der meisten anderen Nadelbäume.

Die Wuchsform von Kiefern kann je nach Art und Standort sehr unterschiedlich sein. Oft sieht man Exemplare, die Klobürsten ähneln, mit einem langen, dünnen, astlosen Stamm und ganz oben einer kleinen Krone, die zerzaust wirkt.

Spirken und Latschen sind übrigens Unterarten der Bergkiefer. Die Latschenkiefer wird gerade mal ein bis drei Meter hoch und kann auch in extremen Höhenlagen und unter widrigsten Umständen wachsen. Sie gedeiht sogar in Gebieten, die regelmäßig von Lawinen überrollt werden und in denen deswegen kein anderer Baum wachsen kann.

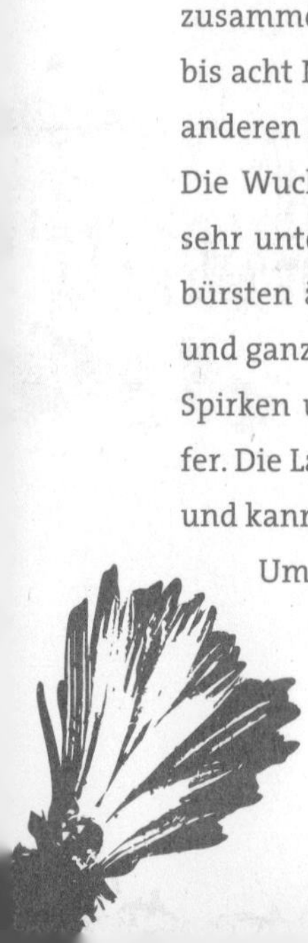

Eine ebenfalls in den Alpen vorkommende Kiefernart ist die Zirbelkiefer, auch Zirbe oder Arve genannt. Der Tannenhäher, ein braun-weißer Vogel, lebt mit ihr in einer engen Lebensgemeinschaft. Im Sommer vergräbt er größere Mengen von Kiefernsamen für den Winter. Allerdings findet er nicht all seine Verstecke wieder und trägt so zur Ausbreitung der Samen bei. Eigentlich müsste er also Zirbenhäher heißen (siehe auch das Kapitel „Heilmittel aus den Bergen").

Lärchen

Die Lärche ist der einzige in Europa heimische Nadelbaum, der im Winter seine Nadeln verliert. Im Herbst verfärben sie sich zunächst gelb, bevor sie ganz abgeworfen werden. Das ist eine ausgeklügelte Überlebensstrategie, die die Lärche anwendet, um auch in extremen Höhenlagen wachsen zu können. Dort ist es im Winter nämlich besonders kalt. Das Wasser im Boden gefriert und steht den Bäumen nicht mehr zur Verfügung. Mit einem prächtigen, grünen Nadelkleid hätte die Lärche jetzt ein Problem. Über die Nadeln würde Wasser verdunsten, sie bräuchte also Nachschub aus dem Boden. Ohne Nadeln kann sie darauf verzichten – keine Nadeln, keine Probleme. Im Herbst und Winter ist die Lärche deswegen von anderen Nadelbäumen leicht zu unterscheiden. Im Frühling erkennt man sie daran, dass ihre Nadeln heller sind als die von anderen Baumarten. Sie sind weich, biegsam und kürzer als die der Kiefer und wachsen in mehreren, rund um den Ast angeordneten Büscheln, was sehr filigran wirkt.

Die Lärche

Wohl sich fühlend in des Mittags Strahle
Steht sie da auf der besonnten Halde,
Blickt hinab zum hellen Wiesentale,
Blickt hinauf zum finstern Tannenwalde,

Frei anmutig strebt ihr Wuchs nach oben,
Was gefällt und hübsch lässt, ist ihr eigen.
Spitzenwerk, aus klarem Grün gewoben,
Hängt herab von ihren schlanken Zweigen.

Lieblich steht das zarte Kleid der Zarten,
Wenn im Wind leicht ihre Zweige schwanken,
Ihr zu Füßen blüht ein kleiner Garten,
Übersponnen von der Erdbeer' Ranken.

Ach, im Winter steht sie kahl und frierend,
Nicht geschützt von wärmendem Gewande,
Bis der Frühling kommt, sie also zierend,
Dass sie gleich der Schönsten ist im Lande.

Andre gibt's von ernsterem Gesichte,
Die gewalt'ger ihre Häupter heben;
In dem dunkeln Bergwald eine Lichte,
Freut den Blick sie, kündend heit'res Leben.

Johannes Trojan

Survivaltipps für Aufsteiger

Ohne Trinken läuft's nicht gut

In Höhenlagen ist die Luft trockener, die UV-Strahlung stärker, man atmet außerdem schneller und schwitzt mehr. Deswegen verliert der Körper bei Bergwanderungen mehr Flüssigkeit als bei Touren im Tal. Zudem scheiden die Nieren schon bei Übernachtungen in mittleren Höhen nachts mehr Flüssigkeit aus als bei „tiefem" Schlaf in Tallagen. Das liegt daran, dass man bei Sauerstoffmangel mehr rote Blutkörperchen pro Liter Blut benötigt, die den Sauerstofftransport im Organismus verbessern. Die können aber im Knochenmark nicht so schnell gebildet werden wie eigentlich erforderlich. Deswegen scheidet der Körper Flüssigkeit aus. Das Blut dickt quasi ein, die Hämoglobinkonzentration steigt prozentual, und damit verbessert sich die Transportkapazität des Blutes für Sauerstoff. Das ist eigentlich eine sinnvolle Körperreaktion. Wenn der Flüssigkeitsmangel aber durch andere Faktoren verstärkt wird, kann er gefährlich werden.

In Höhenlagen entwickelt sich daher leicht ein Flüssigkeitsverlust, manchmal schleichend und über mehrere Tage hinweg. Und das merken die Betroffenen meistens nicht, denn Durstgefühle werden vom Körper in Höhenlagen hormonell gedämpft.

Man muss also beim Bergaufgehen viel trinken, sonst geht es ganz schnell abwärts. Flüssigkeitsmangel senkt nämlich die körperliche Leistungsfähigkeit. Schon ein Verlust von fünf Prozent Körperflüssigkeit kann Konzentrationsmangel, Kopfschmerzen, Muskelkrämpfe und Schwindelgefühle hervorrufen. Ab einem Verlust von zehn Prozent kann es sogar zu Gangstörungen und Kreislaufkollaps kommen. Und an steilen Felswegen können solche Symptome schnell tödliche Folgen haben.

Deswegen gilt bei Bergtouren: bewusst viel trinken!

Bei Hitze kann der Flüssigkeitsverlust einen halben bis einen ganzen Liter pro Stunde Wanderzeit betragen.

Diese Trinkmenge muss man dann leider im Rucksack mit sich schleppen. Oder geht es auch anders? Kann man einfach das Wasser trinken, das am Wegesrand in Brunnen, Bächen und Quellen gluckernd zu Tale rauscht?

An dieser Frage scheiden sich die Geister. Manche schwören, dass es nichts Herrlicheres gibt, als verschwitzt an einem kristallklaren Bach zu stehen, eiskaltes Wasser mit der Hand zu schöpfen und zu trinken. Und andere schütteln sich allein bei dem Gedanken, dass weiter oben am Hang vielleicht gerade eine Kuhherde durch den Bach watet und sich dabei laut platschend erleichtert. Beides ist nicht von der Hand zu weisen, und jeder muss selbst entscheiden, welches Risiko er auf sich nehmen möchte.

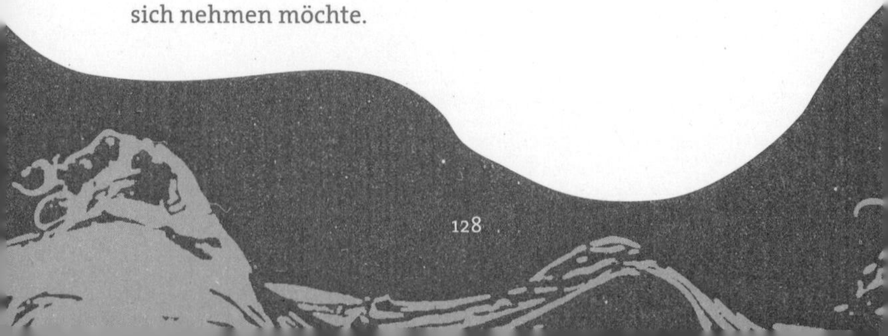

Grundsätzlich gilt:

- Vor der Tour genug trinken und so die Reserven auffüllen.
- Kein Schmelzwasser aus Schnee und Eis trinken, es enthält kaum Mineralstoffe und kann zusätzlich durch Staubpartikel verschmutzt sein.
- Kein Wasser unterhalb von Viehweiden trinken.
- Je schneller ein Bach durchs Gebirge rauscht, umso sauberer ist sein Wasser.
- Je kälter das Wasser, desto weniger Bakterien sind darin enthalten.
- Je weiter oben, desto besser. Oberhalb der Baumgrenze leben weniger Tiere, deswegen sind Verunreinigungen hier seltener.

Wer ganz sichergehen will, kann Wasser auch unterwegs entkeimen. Es gibt handliche Filtersysteme, die in jeden Rucksack passen, sowie Tabletten mit chemischen Wirkstoffen, mit denen man Bakterien, Viren und Sporen abtöten kann.

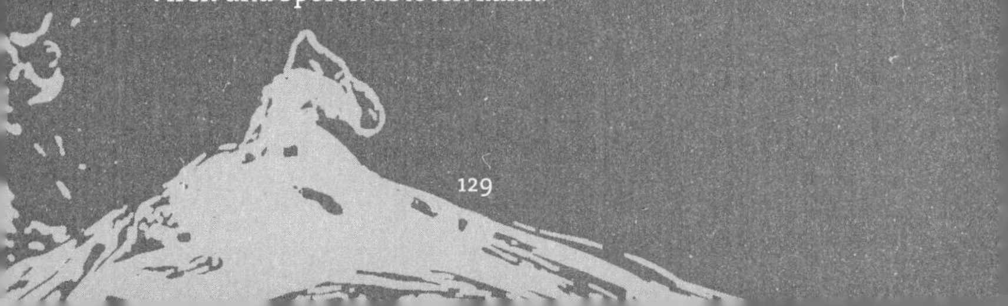

Rucksäcke richtig packen

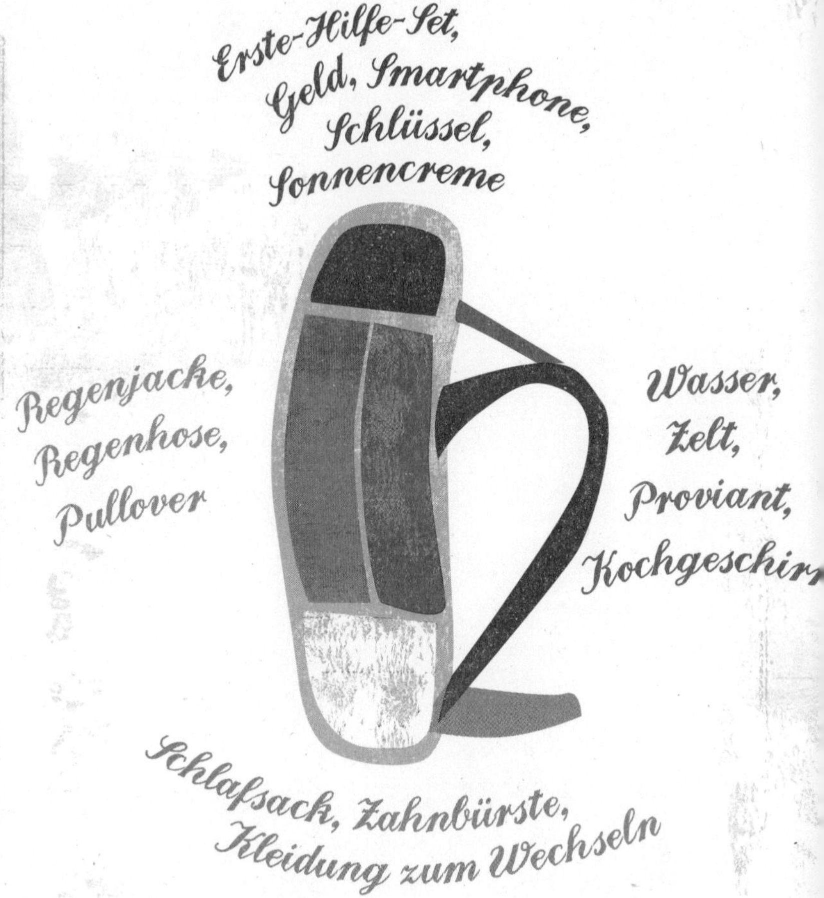

Außentasche: Karte, Toilettenpapier, Kompass, Taschenlampe, Alarmsignal

Aufstieg aktiv

Beeren sammeln

Lange Zeit hieß es: Finger weg von Heidelbeeren, Preiselbeeren oder Walderdbeeren. Zu groß schien das Risiko, sich beim Essen der bodennah wachsenden Waldfrüchte mit dem gefährlichen Fuchsbandwurm zu infizieren. Inzwischen gibt das Robert Koch-Institut hier aber Entwarnung. Erkrankungen durch Fuchsbandwürmer sind extrem selten und treten fast nur auf der Schwäbischen Alb, in der Alb-Donau-Region, in Oberschwaben und im Allgäu auf. Die meisten Befallenen waren in der Landwirtschaft tätig oder besaßen Hunde. Ein Zusammenhang zum Verzehr von Beeren konnte bei ihnen in Studien nicht festgestellt werden.
Ein Befall mit Fuchsbandwürmern zeigt sich allerdings erst nach ungefähr zehn Jahren, deswegen kann man ein Risiko nicht ganz ausschließen. Es handelt sich dabei um eine sehr schwere Erkrankung, und bis jetzt gibt es kein Mittel gegen die Parasiten, die sich überall in allen Organen des Körpers ansiedeln können. Daher muss jeder selbst entscheiden, ob ihm der Verzehr von Früchten und Beeren, die wild am Boden wachsen, zu riskant erscheint.

Wer ganz sichergehen will, sammelt am besten nur Beerenfrüchte, die ab einer Höhe von 60 bis 80 Zentimetern über dem Boden wachsen, also Himbeeren oder Brombeeren.

Erlaubt ist das maßvolle Sammeln von Beeren zum Eigengebrauch überall dort, wo es nicht ausdrücklich verboten ist, sofern man die Pflanzen beim Pflücken nicht beschädigt oder beeinträchtigt. Wenn ein Waldeigentümer das Sammeln von Beeren mit Schildern ausdrücklich untersagt, muss man sich aber daran halten.

Grundsätzlich gilt:
Man sollte nur essen, was man eindeutig bestimmen kann.

Diese essbaren Beeren und Früchte kommen in Bergregionen vor:

Himbeere: Eine Verwechslung der charakteristischen Früchte mit anderen im Gebirge vorkommenden Früchten ist unwahrscheinlich.

Brombeere: Kann mit der kleineren Kratzbeere verwechselt werden, die zwar langweilig schmeckt, aber ebenfalls essbar ist.

Heidelbeere oder Blaubeere: Kann leicht mit der Rauschbeere verwechselt werden, die in großen Mengen giftig ist. Rauschbeeren haben helles Fruchtfleisch, Heidelbeeren dunkles mit stark färbendem Saft. Unwahrscheinlicher, aber auch viel gefährlicher ist eine Verwechslung mit den hochgiftigen Tollkirschen. Heidelbeeren sitzen direkt am Stiel, bei Tollkirschen sitzt jede Frucht in einem hellgrünen Kelch aus Blütenblättern.

Preiselbeere: Schmeckt roh unangenehm säuerlich bitter, gekocht und gezuckert ist sie aber eine beliebte Beilage zu Wild. Die leuchtend roten Beeren können leicht mit der streng geschützten, aber ungiftigen Bärentraube verwechselt werden. Schlimmer ist eine Verwechslung mit den roten Früchten von Maiglöckchen.

Wald-Erdbeere: Wild ganz winzig, aber überaus wohlschmeckend. Eine Verwechslung ist unwahrscheinlich. Hin und wieder findet man inzwischen auch außerhalb von Gärten eine Zierpflanze namens Indische Scheinerdbeere, deren Früchte Erdbeeren stark ähneln. Sie sind geschmacklos, aber ungiftig.

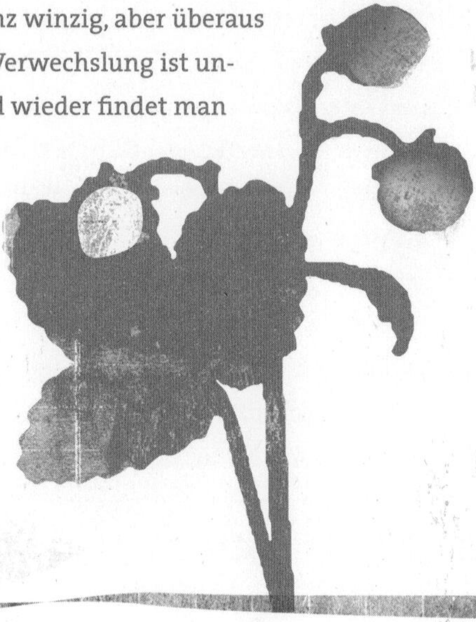

Alpen-Johannisbeere: Die Sträucher sehen ähnlich aus wie die der Garten-Johannisbeere, die Früchte sind aber kleiner und schmecken vor allem Vögeln.

Holunderbeere: Die Beeren des Zwergholunders, auch Attich genannt, sind giftig. Sie wachsen sehr engstehend und ragen nach oben. Jede hat eine kleine Delle. Essbar sind nur die Beeren des Schwarzen Holunders, die nach unten hängen. Aber auch sie sollte man nie roh essen, da die Samen Giftstoffe enthalten, die erst bei Hitze zerfallen.

Wacholderbeere: Leicht giftig, nur als Gewürz geeignet. Und auch da sind nur Arten mit nadelähnlichen Blättern bekömmlich. Die stehen aber in vielen Regionen unter Naturschutz, also lieber Hände weg!

Sanddorn: Schmeckt nur in verarbeiteter Form. Kann mit den Beeren der Eberesche (Vogelbeere) verwechselt werden. Die sind zwar nicht giftig, können aber Magenprobleme verursachen.

Berberitze: Sehr, sehr sauer, aber auch sehr vitaminreich. Achtung: Alle anderen Teile des Berberitzenstrauchs sind giftig!

Schlehe: Bitter und adstringierend, das heißt, beim Verzehr zieht sich förmlich der Mund zusammen. Nach dem ersten Frost verlieren Schlehen einen Teil der bitteren Gerbstoffe. Dann kann man Marmelade, Saft oder Likör aus ihnen herstellen. Vorsicht, nicht mit Tollkirschen verwechseln!

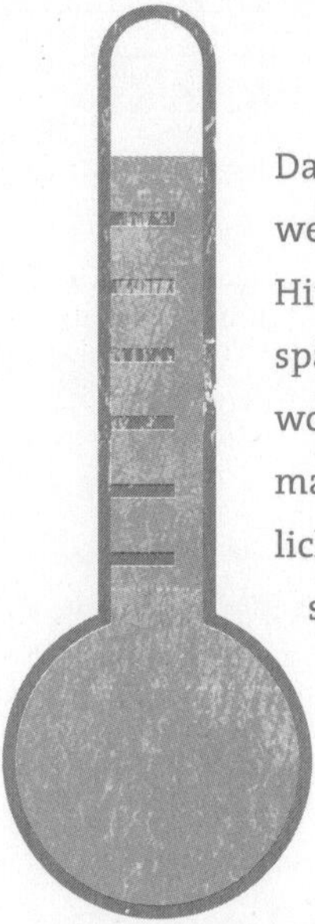

Wetter vorhersagen

Das Wetter in den Bergen kann extrem schnell wechseln. Morgens beim Frühstück ist der Himmel noch blau, aber eine halbe Stunde später können schon rabenschwarze Gewitterwolken aufziehen, und gegen Mittag kommt man sich dann nach einem Wettersturz plötzlich vor wie in einer ganz anderen Klimazone, selbst wenn man den Standort nicht gewechselt hat.

Starkregen, Gewitter und Kälteeinbrüche können Bergwanderern richtig gefährlich werden, deswegen ist es wichtig, das Wetter in den Bergen ständig im Blick zu behalten. Einigermaßen belastbare Wetterprognosen für hochalpine Touren können natürlich allenfalls Meteorologen wagen. Es gibt aber viele kleine Anzeichen in der Natur, die Wetteränderungen manchmal Stunden oder schon Tage vorher ankündigen. Und die können auch Laien mit ein bisschen Glück beobachten:

- Beim Barometer gilt die Faustregel: Steigender Luftdruck bedeutet gutes Wetter, fällt der Luftdruck, muss man mit einem Ende der Gutwetterperiode rechnen. Je schneller der Luftdruck sinkt, desto rascher ist der Wetterumschwung da.

- Einen Hinweis auf Wetterveränderungen bietet auch der Blick gen Himmel. Wenn sich Kondensstreifen nur langsam auflösen und dabei in die Breite gehen, ist das ein Hinweis auf eine Wetterverschlechterung in den nächsten 24 Stunden. Bilden sich kaum sichtbare Streifen, die zudem schnell wieder verschwinden, bleibt das Wetter stabil.

- Besonders aussagekräftig sind auch Halo-Erscheinungen am Himmel. So nennt man deutlich sichtbare Ringe um Sonne oder Mond. Sie entstehen, wenn die Luft Feuchtigkeit in Form von Wassertröpfchen oder Eisnadeln enthält. Wenn solche Ringe gut sichtbar sind, regnet es höchstwahrscheinlich in den nächsten Stunden.

- Eine sich rasch verschlechternde Fernsicht ist ebenfalls ein Hinweis auf baldigen Niederschlag.

- Wirken die Wälder plötzlich dunkelgrün und die Berge nah und schwarz, ist das ein Anzeichen für Regen.

- Morgenrot, schlecht Wetter droht! Abendrot, Gutwetterbot. In den meisten Fällen stimmt diese Regel. Achtung: Auch gelbes oder violettes Abendlicht kündigt schlechtes Wetter an.

- Kamine ziehen vor einem Wettersturz schlecht.

- Auch die Tier- und Pflanzenwelt gibt viele Hinweise auf Wetterveränderungen. Schlechtwetterboten sind plötzlich stark zunehmender Blütenduft, Silberdisteln und Enziane, die ihre Blüten schließen, Klee, der seine Blätter zusammenfaltet und die Blütenköpfe senkt. Frösche und Kröten verlassen vor Regen ihre Verstecke und zeigen sich, Kühe streben auf tiefergelegene Wiesen, Bergdohlen fliegen ins Tal, Schwalben jagen tief über dem Boden nach Insekten, und Murmeltiere verkriechen sich bei drohendem Schlechtwetter in ihren Höhlen. Sonnenschein hingegen kündigen Bienen an, die morgens ausschwärmen, sowie Spinnen, die fleißig an ihren Netzen arbeiten. Auch Ameisen, die ihre Brut an die Oberfläche des Ameisenhaufens tragen und Gämsen oder Rehe, die den Wald verlassen und sich auf Freiflächen zeigen, können damit gutes Wetter ankündigen.

- Morgentau und steil aufsteigender Rauch aus den Kaminen von Häusern sind ebenfalls Gutwetterzeichen.

Achtung: Eine hundertprozentige Garantie können selbst Meteorologen für ihre Wetterprognosen nicht geben. Klar, dass auch diese Tipps allenfalls Anhaltspunkte bieten. Darum immer Regenschutz und warme Kleidung mit auf Touren nehmen.

Gewitter

Die Tanne stöhnt und ächzt im Sturm,
Die starken Äste krachen,
Der Regen strömt, unheimlich schallt
Der Schrei der Eule durch den Wald
Wie wildes, schrilles Lachen.

Die Wolken ziehen grau und schwer,
Die grellen Blitze flammen,
Der Donner kracht – dumpf rollt es nach –
Als bräche jäh beim nächsten Schlag
Die ganze Welt zusammen!

Doch wilder ist als Sturm und Wind
Mein sehnendes Verlangen!
Jäh, wie der Blitz die Nacht zerreißt,
Erscheint mein Glück vor meinem Geist,
Das gar zu schnell vergangen.

Und wenn der Wetterstrahl erlischt,
Scheint tiefer noch das Düster. –
Dein Nachglanz, Du verlor'nes Glück,
Enthüllt die Zukunft meinem Blick
Nur grauser noch und wüster!

Melanie Ebhardt

Tierspuren erkennen

Jagdfieber ist vermutlich irgendwo im menschlichen Erbgut verankert. Aber man kann man es auch ausleben, ohne ein Tier zu töten. Denn sowohl im Schnee als auch in feuchter Erde hinterlassen Tiere Trittspuren, die man als Fährtenleser an der Form identifizieren kann. Hier die Trittsiegel einiger Tierarten, die im Gebirge leben:

Wildschwein
Steinbock
Reh
Rothirsch
Gämse
– 1cm

Spezialitäten sind für den ungeübten Gaumen manchmal ..., na ja, sagen wir eben „speziell". Aber wer Käse liebt, kommt in den Bergen überall auf seine Kosten. Und aus kräftiger Bergmilch zubereitet, ist er hoch oben besonders gesund. Was eine Kuh frisst, hat nämlich Auswirkungen auf die Qualität ihrer Milch. Bekommt sie frisches Gras und Kräuter, erhöht das den Anteil von gesunden Omega-3-Fettsäuren, und je höher die Kühe weiden, desto mehr dieser lebensnotwendigen Stoffe, die Entzündungen hemmen und die Gefäße schützen, sind darin enthalten.

Diese Käsesorten sollte man probieren:

Riesengebirge: Smažený sýr (panierter, frittierter Hartkäse)
Fichtelgebirge: Quärkla (Quarkkäse)
Harz: Harzer Roller (fettarmer Sauermilchkäse mit Kümmel)
Erzgebirge: Schieböcker (Harzer Käse wird zusammen mit Bier und Butter nach Geheimrezept gekocht.)
Schwarzwald: Bibbeliskäs (bröckelnder Weißkäse aus saurer Milch mit Kräutern)
Allgäu: Weißlacker (halbfetter Schnittkäse)
Vorarlberg: Bergkäse (aus Heumilch)
Tirol: Graukäse (Sauermilchkäse mit Edelschimmel)
Schweiz: Greyerzer (Hartkäse) und natürlich Raclette
Vogesen: Bergkass (Rohmilchkäse)

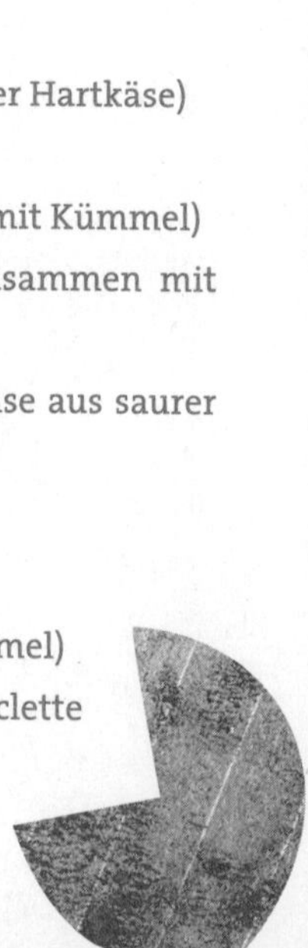

Und zum Schluss:

Appetit beim Wandern

Ich glaube, dass der große Appetit, den Bergsteiger meist an den Tag legen, zum großen Teil darin begründet ist, dass Essen immer eine Rast voraussetzt. Leute mit kurzem Atem oder schlappen Muskeln zeigen stets eine besondere Vorliebe für Essen oder das Betrachten der Aussicht in den Bergen.

Albert Frederick Mummery

Teil 3

Auf dem Gipfel

„Viele Steine,
müde Beine,
Aussicht keine.
Heinrich Heine“

Eintrag in einem Gipfelbuch
auf dem Brocken

Wie Berge entstehen und vergehen

Wer graue Bergriesen betrachtet, dem fallen schnell Wörter wie Ewigkeit und Unvergänglichkeit ein. Doch so uralt und statisch, wie Berge uns vorkommen, sind sie nicht. Wo heute zerklüftete Felsen stehen, könnten vor Milliarden von Jahren Ozeane oder ebenes Land gewesen sein. Und in weiteren Milliarden von Jahren sind unsere heutigen Bergriesen vielleicht wieder verschwunden.

Denn immer noch verändert sich die Gebirgswelt ständig, wenn auch für uns kaum erkennbar. Die Alpen beispielsweise werden seit dem Rückgang der letzten Eiszeit vor 18 000 Jahren ganz langsam vom Untergrund angehoben, und zwar zwischen einem und zwei Millimeter pro Jahr. Gleichzeitig werden sie aber an ihrer Oberfläche von Wind und Wetter wieder abgetragen, sodass der Anstieg wieder ausgeglichen wird. Wo Berge nicht wachsen, sorgt die Erosion nämlich langsam, aber sicher dafür, dass sie irgendwann verschwinden. Steter Tropfen höhlt ja bekanntlich den Stein.

In der Geschichte der Erde sind die Gebirge verhältnismäßig spät entstanden. Die ersten wirklich hohen Berge entwickelten sich vermutlich vor knapp drei Milliarden Jahren. Zu diesem Zeitpunkt waren die frühen Meere und Ozeane schon über eine Milliarde Jahre alt, und auch die ersten Einzeller hatten längst die Bühne der Erdentwicklung betreten.

Dass hohe Berge nicht schon früher entstehen konnten, lag daran, dass die äußerste Schicht der Erde lange Zeit zu heiß

und zu dünn war, um schwere Gebirge zu tragen. Seitdem hat sich aber viel bewegt. Gebirge entstanden, wurden abgetragen oder wanderten sogar durch die Landschaft.
Dieser Prozess der Gebirgsbildung heißt Orogenese, und es gibt verschiedene Arten, nach der sie ablaufen kann. Fast alle haben etwas mit Plattentektonik zu tun, also mit der Bewegung der Platten, aus denen die äußere Schicht der Erde besteht.
Es gibt sieben große und einige kleinere Erdplatten, die sich alle verschieben und dadurch Veränderungen der Landschaft bewirken. Der Himalaya zum Beispiel ist entstanden, als die indische und die eurasische Kontinentalplatte aufeinanderstießen und sich gegeneinander auftürmten.
Andere Gebirge, zum Beispiel die Anden, konnten entstehen, weil eine ozeanische Platte ein Stück weit unter eine Kontinentalplatte abtauchte und dabei Material der Kontinentalplatte nach oben hob. Bei solchen Prozessen schmilzt die untere Platte, und wenn das flüssige Gestein die Erdoberfläche durchbricht, entsteht ein Vulkan. An den Rändern von tektonischen Platten gibt es daher viele der feuerspeienden Berge.
Ein anderes Beispiel für Orogenese sind Gebirge in der Tiefsee, auch Mittelozeanische Rücken genannt. Sie entstehen, wenn zwei ozeanische Platten sich auseinanderbewegen. Die so gerissene Lücke wird von flüssigem Gestein aus dem Erdinneren gefüllt, das nach oben quillt, dann abkühlt und eine Gebirgskette entlang der Plattenränder bildet. Solche

Mittelozeanischen Rücken können so hoch werden, dass sie Inseln bilden. Island ist dafür ein Beispiel.
Andere Berge haben ihren Zenit dagegen schon überschritten, sie befinden sich quasi im Greisenalter und schrumpfen bereits. Bei den amerikanischen Appalachen zum Beispiel ist das der Fall. Sie schrumpfen derzeit jährlich um 0,03 Millimeter. Von ihnen werden irgendwann nur noch steinige Narben im Erdboden übrig sein.
Ob ein Gebirge vergleichsweise alt oder jung ist, kann man übrigens auch als Laie abschätzen: Berge mit sehr spitzen Gipfeln und schroffen Strukturen sind jünger als solche, die schon von der Erosion rund und flach geschliffen wurden.

Wo keine Bäume mehr wachsen

Jeder, der sich schon einmal einen steilen Gebirgspfad hinaufgequält hat, nur um hinter der Waldgrenze auf eine endlose Steinwüste zu stoßen, kann verstehen, warum dieser Bereich von Biologen „Kampfzone“ genannt wird. Hier oben herrschen andere, rauere Bedingungen. Das spürt man in den Beinen, man merkt es an den kälteren Temperaturen, am scharfen Wind und am zerklüfteten Untergrund. In dieser Höhe gibt es nichts umsonst. Jeder Schritt, jeder Quadratmeter Boden ist hart erkämpft. Wer hier überleben will, muss stark sein, sich anpassen, und das gilt nicht nur für Wanderer, sondern in erster Linie für Tiere und Pflanzen. Die können nämlich nicht zu Wollmütze und Gore-Tex-Jacke greifen, um sich gegen die rauen Begebenheiten zu schützen. Sie brauchen andere Schutzmechanismen: Große und duftende Blüten locken Insekten an und sorgen so für eine schnelle Befruchtung in den kurzen Vegetationsperioden, behaarte Blätter helfen gegen Kälte und Verdunstung. Es gibt sogar Pflanzen, die chemische Frostschutzmittel in ihr Laub einlagern, um sich vor dem Erfrieren zu schützen. Ein Trick besteht auch darin, sich möglichst kleinzumachen. Wer wie Moose oder Flechten über die Felsen kriecht oder sich als Gebüsch an den Boden schmiegt, ist vor Wind und Schneedruck geschützt und hat es wärmer.

Bäume gibt es hier oben kaum. Zu viel setzt ihnen hier zu: starker Wind, viel Frost, kurze Sommer, flachgründige Böden mit niedrigen Temperaturen, in denen Wurzeln keinen Halt und kaum Nährstoffe finden. Und nicht zuletzt werden Bäume hier oben auch von pflanzenfressenden Tieren wie Hirschen und von holzsuchenden Menschen dezimiert. Es ist ein Zusammenspiel all dieser Faktoren, das dazu führt, dass ab einer bestimmten Höhe keine Bäume mehr wachsen.

Ab welcher Höhe Bäume aufgeben, hängt von ihrer eigenen Beschaffenheit und regionalen Faktoren wie Hangneigung, Himmelsrichtung und Klimazone ab. In warmen Ländern finden Bäume auch in höheren Lagen noch brauchbare Bedingungen vor.

Die beiden Begriffe Baumgrenze und Waldgrenze werden oft synonym verwendet. Tatsächlich gibt es aber einen Unterschied: Mit Waldgrenze bezeichnet man die Höhenlage, in der Bäume keine zusammenhängenden und geschlossenen Bestände mehr bilden. Einzelne Exemplare können aber auch oberhalb der Waldgrenze vorkommen. Erst da, wo aufgrund der klimatischen Verhältnisse kein einziger Baum mehr wachsen kann, spricht man von Baumgrenze. Beide Grenzen liegen nahe beieinander und kündigen sich schon vorher an. „Je höher man den Berg hinaufsteigt, desto kürzer, zwerghafter werden die Tannen, sie scheinen immer mehr und mehr zusammenzuschrumpfen, bis nur Bergkräuter, Heidelbeer- und Rotbeersträuche übrig bleiben", so beschrieb Heinrich Heine dieses Phänomen am Brocken, dem höchsten Berg im Mittelgebirge Harz.
Im Brocken liegt die Waldgrenze übrigens bei 1100 Metern, in den deutschen Alpen ungefähr bei 1800 Metern, in den Schweizer Alpen bei rund 2500 Metern und im Himalaya etwa bei 4400 Metern.

Die Felswand

Feindselig, wildzerrissen steigt die Felswand.
Das Auge schrickt zurück. Dann irrt es unstet
Daran herum. Bang sucht es, wo es hafte.
Dort! Über einem Abgrund schwebt ein Brücklein
Wie Spinnweb. Höher um die scharfe Kante
Sind Stapfen eingehaun, ein Wegesbruchstück!
Fast oben ragt ein Tor mit blauer Füllung:
Dort klimmt ein Wanderer zu Licht und Höhe!
Das Aug verbindet Stiege, Stapfen, Stufen.
Es sucht. Es hat den ganzen Pfad gefunden,
Und gastlich, siehe, wird die steile Felswand.

Conrad Ferdinand Meyer

Wenn Höhe krank macht

Würde man per Flugzeug auf den Mount Everest fliegen und dort aussteigen, wäre man innerhalb von wenigen Sekunden bewusstlos und kurze Zeit später tot. Grund ist der niedrige Luftdruck und damit verbunden die „dünne Luft“ in solchen extremen Höhenlagen (siehe auch das Kapitel: „Warum ist im Gebirge die Luft ‚dünner‘?“).

Beides verursacht nämlich die gefährliche Höhenkrankheit, eine Anpassungsstörung des Körpers an den Sauerstoffmangel im Hochgebirge, die schwere bis tödliche Folgen haben kann. Was dabei genau im Körper passiert, konnten Wissenschaftler bislang noch nicht klären. Fest steht aber, dass die Symptome der Höhenkrankheit in drei Schweregraden auftreten können:

➾ Als AMS (Acute Mountain Sickness) oder Akute Bergkrankheit bezeichnet man die erste Stufe dieser Erkrankung. Symptome können schon ab Höhen von 2000 Metern nach sechs bis achtzehn Stunden auftreten, häufig kommen sie ab Höhen von 3500 Metern vor. Charakteristisch für AMS sind starke Kopfschmerzen. Schwäche, Schwindel, Appetitlosigkeit, Übelkeit und Schlafstörungen können ebenfalls hinzukommen. Im Alpenraum leiden Schätzungen zufolge rund 20 bis 40 Prozent der Touristen an AMS, oft ohne es zu wissen, denn leichte Fälle werden meist mit Erschöpfung, Sonnenstich oder Wetterfühligkeit verwechselt.

Ignoriert man die Symptome und steigt weiter auf, kann sich die AMS zu einem HACE (High Altitude Cerebral Edema), also zu einem Höhenhirnödem, steigern. Dabei lagert sich Flüssigkeit im Gehirn ein, Bewegungs-und Bewusstseinsstörungen sind die Folge. Diese sehr gefährliche Form der Höhenanpassungsstörung tritt ab Höhen von 6000 Metern vermehrt auf und kann innerhalb weniger Stunden zum Tod führen.

Wenn sich zusätzlich noch ein HAPE (High Altitude Pulmonary Edema) entwickelt, also ein Höhenlungenödem, sinken die Überlebenschancen drastisch. Diese Flüssigkeitsansammlung in der Lunge kann ab Höhen von 2500 Metern entstehen und kündigt sich durch Atemnot an.
Ein HAPE kann auch eigenständig ohne die Symptome der AMS und des HACE auftreten und verläuft dann anfangs sehr unauffällig. Betroffene spüren oft nur ganz plötzlich einen starken Leistungsabfall, sie kommen kaum noch einen Schritt vorwärts, geschweige denn aufwärts, weil der Sauerstofftransport über die Lungenbläschen ins Blut nicht mehr funktioniert. Höhenlungenödeme treten auf Touren in Höhenlagen oft in der zweiten Nacht auf und werden in vielen Fällen von trockenem Husten begleitet.

Ganz wichtig bei jeder Form von Höhenkrankheit: sofort runter in tiefere Lagen! Deswegen sollte man sich auch seine Übernachtungsquartiere im Hochgebirge klug aussuchen. Wer in einem Sattel übernachtet und dort von der Höhenerkrankung heimgesucht wird, müsste für einen Abstieg zunächst weiter aufsteigen, was in diesem Fall unmöglich ist. Dann kann nur noch ein Hubschraubereinsatz helfen. Bei der Vorbeugung gilt: langsam aufsteigen, Ruhetage einplanen, nachts stets in deutlich tieferen Lagen schlafen. Der Schlafplatz sollte außerdem nie mehr als 300 Meter über dem Schlafplatz der vorigen Nacht liegen.

Übrigens: Die Menschen in Tibet erkranken genetisch bedingt nie an Höhenkrankheit. Und wenn man den Anstieg ganz langsam angeht, gut trainiert ist und gute „Bergsteigergene" hat, kann man sogar als Nicht-Tibeter den Mount Everest ohne künstlichen Sauerstoff besteigen.

Wie hoch ist hoch?

Was hoch ist und was niedrig, ist bei Bergen immer auch eine Frage des Standpunktes. Der höchste Berg Bremens ist gerade mal 33 Meter hoch. Der höchste deutsche Berg ist mit 2962 Metern die Zugspitze in Bayern. Der Feldberg im Schwarzwald (1493 m), der Fichtelberg im Erzgebirge (1215) und der Brocken im Harz (1141 m) besetzen die Plätze zwei bis vier auf der deutschen Hitliste. Darüber können andere Nationen nur müde lächeln. Der höchste Berg Österreichs ist der Großglockner mit 3798 Metern. Die Schweizer haben die Dufourspitze mit 4634 Metern. Italiener und Franzosen teilen sich den höchsten Berg der Alpen, den Mont Blanc, mit seiner Höhe von 4810 Metern. Und der höchste Berg der Welt, gemessen vom Meeresspiegel aus, ist der Mount Everest im Himalaya. Er ist 8848 Meter hoch. Insgesamt gibt es vierzehn Achttausender auf der Erdkugel.

Die Höhe eines Berges ist aber, wie das Beispiel des Mount Everest zeigt, auch eine Frage der Messtechnik. Zunächst muss man nämlich festlegen, von welchem Punkt aus man die Höhe eines Berges misst. Ist es der Meeresspiegel? Dann überragt der Mount Everest alle anderen Bergriesen, gefolgt vom K2. Misst man die Höhe aber vom Fuß des Berges an, dann liegt der Ragaposhi in Pakistan an der Spitze. Er hat zwar nur eine Meeresspiegelhöhe von 7788 Metern, besitzt aber mit einer Höhe von 6000 Metern bis zu seinem Fuß die höchste Steilflanke der Welt. Und dann gibt es noch eine dritte Messmethode: Wenn man die Höhe vom Erdmittelpunkt aus misst, übertrifft der Chimborazo in Ecuador alle anderen Berge, obwohl er vom Meeresspiegel aus nur rund 6310 Meter hoch ist. Das liegt daran, dass die Erde nicht kugelförmig ist, sondern eher Richtung Kartoffel tendiert. Am Äquator ist ihr Radius größer als an den Polen, und der Chimborazo liegt in der Nähe des Äquators.

Üblich ist bei der Höhenbestimmung allerdings eine Messung ab Meeresspiegelhöhe.

Aus medizinischer Sicht teilt man Gebirge in drei Höhenstufen ein. Denn wenn man einen Berg erklimmt, wird die Luft mit jedem Höhenmeter „dünner", und die Anforderungen an den menschlichen Körper verändern sich (siehe das Kapitel „Warum ist die Luft in den Bergen dünner?"). Pro tausend Höhenmetern sinkt die Sauerstoffaufnahme beim Atmen um etwa zehn Prozent.

mittlere Höhe: 1500 bis 2500 Meter
Schwellenhöhe: 2500 bis 5300 Meter
extreme Höhe: ab 5300 Metern

Empfindliche Menschen merken erste Veränderungen schon ab 1700 Metern. Spätestens ab der Schwellenhöhe beginnt aber der Bereich, an den man sich beim Aufstieg langsam gewöhnen sollte. Und ab einer Höhe von 8000 Metern ist das Bergklima auch für geübte Extremsportler lebensbedrohlich.

Höher geht's nicht

9000 Meter Höhe schafft kein Berg der Welt. Er wird ab einer gewissen Höhe einfach zu schwer und sinkt in die Erdkruste ein. Außerdem bilden sich an seiner Spitze dann vermehrt Gletscher, die ihn auch von oben „anknabbern". Eine Acht an erster Stelle ist also das höchste der Gefühle, oder besser: die höchste Zahl bei Gipfelmessungen. Und diese Acht können weltweit insgesamt vierzehn Berge vorweisen, was sie zum beliebten Ziel von Extrembergsportlern macht. Alle Achttausender befinden sich im Himalaya oder dem angrenzenden Karakorum-Gebirge.

Als bekanntester Vertreter der Liste weist der **Mount Everest** (8848 m) nicht nur die meisten erfolgreichen, sondern auch die meisten tödlichen Besteigungsversuche auf. Betrachtet man aber das Verhältnis von Gipfelstürmern zu Todesopfern, dann ist der Mount Everest bei Weitem nicht der tödlichste

Achttausender. Als Höhenrekordhalter ist er einfach sehr beliebt bei Bergsteigern, und viele haben sich sein Erklimmen als Lebensziel gesetzt.

Prozentual betrachtet ist der Annapurna (8091 m) der tödlichste Berg, er fordert für jeden zweiten bis dritten Gipfelerfolg einen Toten. Als schwierig und gefährlich zu besteigen gelten auch der Nanga Parbat (8125 m) mit seinen steilen Hängen und der K2 (8611 m), der zweithöchste Berg der Erde. Nicht zuletzt wegen ihrer Höhe riskant sind auch der Lhotse (8516 m), der Makalu (8485 m) sowie der Kangchendzönga (8586 m), der wie auch der Broad Peak (8051 m) gleich mehrere Gipfel hat, die die Achttausender-Marke überschreiten. Die Liste der Achttausender wird vervollständigt durch den Cho Oyu (8188 m), den Dhaulagiri (8167 m), den Manaslu (8163 m), den Gasherbrum II (8034 m), den Hidden Peak (8080 m) und den Shishapangma (8027 m).

(8080 m) und dem Shishapangma (8027 m)

Der Wandrer

„Kein Pfad mehr!
Abgrund rings und Totenstille!“ –
So wolltest du’s! Vom Pfade wich dein Wille!
Nun Wanderer, gilt’s! Nun blicke kalt und klar!
Verloren bist du, glaubst du – an Gefahr.

Friedrich Nietzsche

Die Seven Summits

Die Sieben ist weltweit die meistgewählte Lieblingszahl. Niemand weiß, woran das liegt, aber überall werden ihr magische Kräfte zugesprochen. Nicht umsonst wohnen die sieben Zwerge im Märchen von Schneewittchen hinter sieben Bergen.

Vermutlich ist die magische Kraft der Sieben auch der Grund dafür, dass so viele Bergsteiger-Profis unbedingt die „Seven Summits" bezwingen wollen. Mit diesen sieben Gipfeln sind die höchsten Berge aller sieben Kontinente gemeint, also Asien, Europa, Nordamerika, Südamerika, Afrika, Australien/Ozeanien und Antarktika.

Da die Grenzziehung zwischen manchen Kontinenten nicht ganz eindeutig ist, gibt es teilweise unterschiedliche Meinungen, welcher Berg zu den Seven Summits gehört. Wo endet Asien? Wo beginnt Europa? Zählt man den Kaukasus noch zu Europa, wäre der Elbrus (5642 m) der höchste Gipfel unseres Kontinents. Zieht man die Grenze vorm Kaukasus, gebührt dieser Titel dem Mont Blanc (4810 m) in den Alpen zwischen Frankreich und Italien. Ähnlich verhält es sich mit der Bestimmung des höchsten Gipfels von Australien. Betrachtet man nur die Hauptlandmasse, wäre der Mount Kosciuszko (2228 m) der höchste Berg des Kontinents. Je nachdem, welche Inseln man zu Australien zählt, gibt es aber mehrere mögliche Kandidaten für den Titel. In Neuguinea beispielsweise überragt die Carstensz-Pyramide (4884 m) den Mount Kosciuszko deutlich.

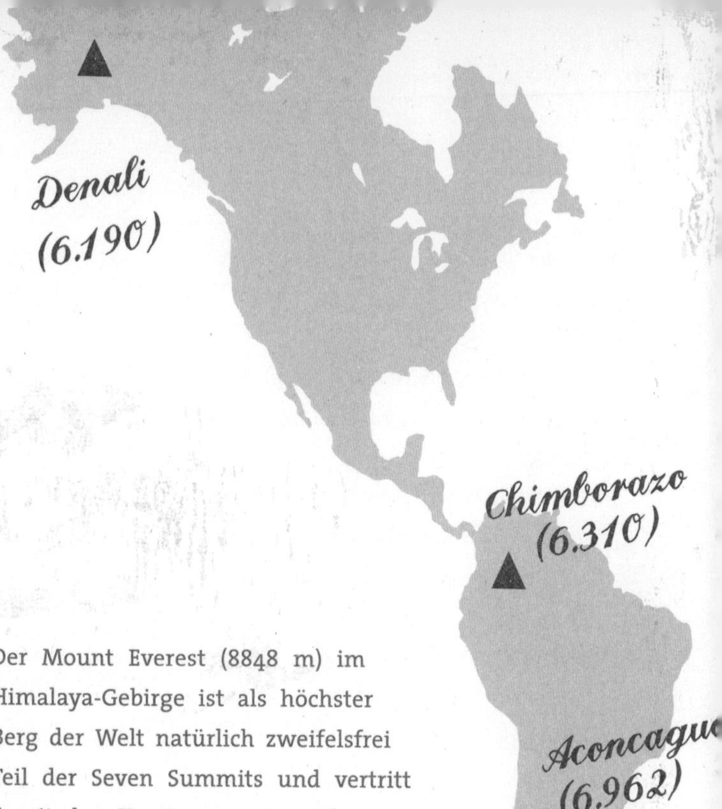

Der Mount Everest (8848 m) im Himalaya-Gebirge ist als höchster Berg der Welt natürlich zweifelsfrei Teil der Seven Summits und vertritt damit den Kontinent Asien. Als zweithöchster Berg der sieben größten folgt der Aconcagua (6962 m) in den südamerikanischen Anden. Der Kibo (5895 m), Teil des Kilimandscharo-Massivs, ist der höchste Berg Afrikas. Der Denali (6190 m) in der Alaskakette, auch bekannt als Mount McKinley, tritt für Nordamerika an, und der Mount Vinson (4892 m) in der Westantarktis vervollständigt die Liste, die Bergsteigern wegen der unterschiedlichen klimatischen Bedingungen Extremleistungen abverlangt.

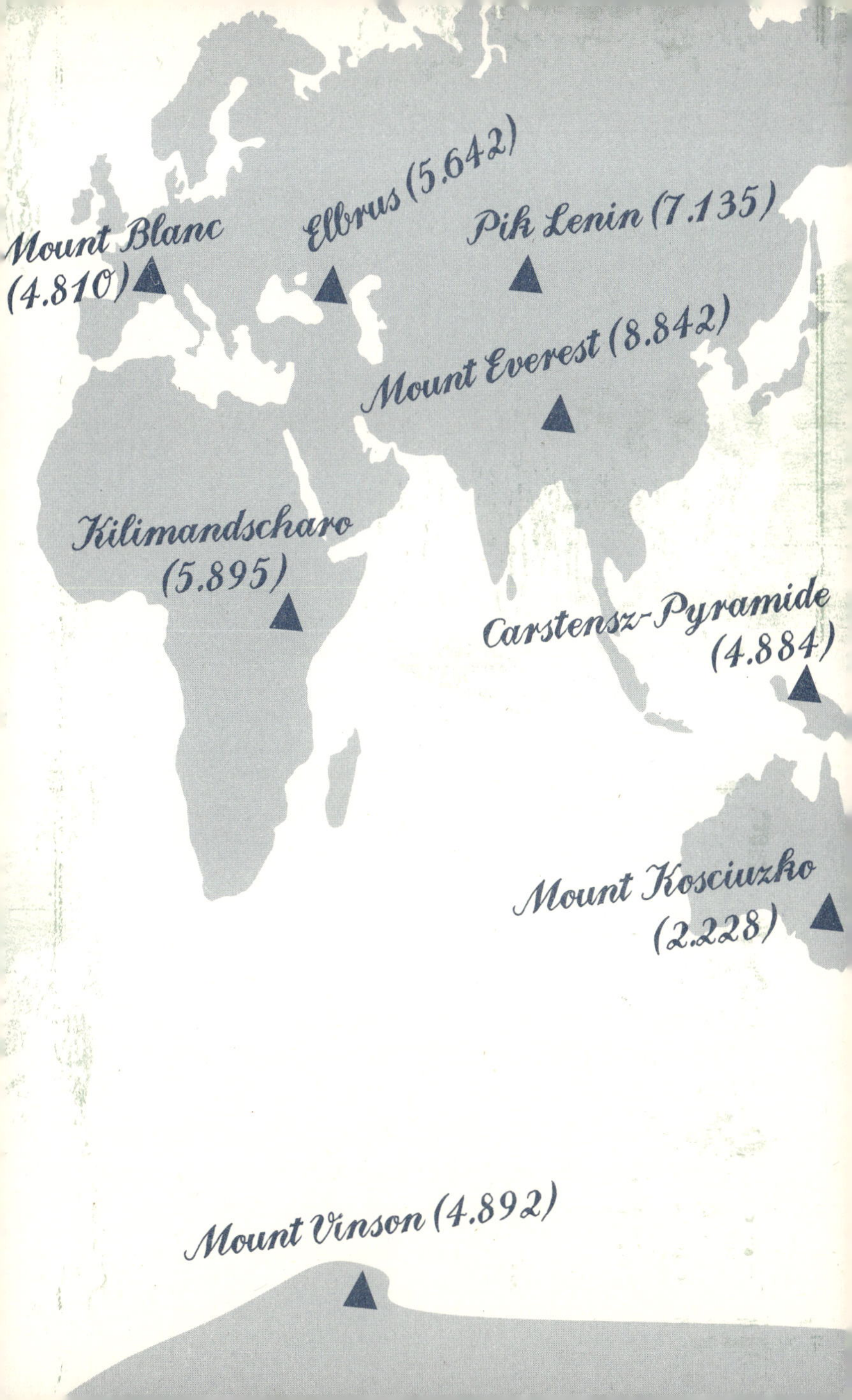

Mount Blanc
(4.810)
Elbrus (5.642)
Pik Lenin (7.135)
Mount Everest (8.842)
Kilimandscharo
(5.895)
Carstensz-Pyramide
(4.884)
Mount Kosciuzko
(2.228)
Mount Vinson (4.892)

Schneller, höher, weiter – Rekorde am Berg

Erstbesteigung des Mount Everest

1953 Edmund Hillary, Tensing Norgay

Erste Frau auf dem Mount Everest

1975 Junko Tabei

Erste Besteigung des Mount Everest ohne Sauerstoff

1978 Peter Habeler, Reinhold Messner

Erste Besteigung aller Seven Summits

1985 Dick Bass

Erste Frau auf allen Seven Summits

1992 Junko Tabei

Erste Besteigung aller vierzehn Achttausender

1986 Reinhold Messner

Erste Frau auf allen vierzehn Achttausendern

2010 Oh Eun-sun (umstritten) oder Edurne Pasaban

Kochen in luftiger Höhe

Ein Ei zu kochen ist eine Wissenschaft für sich. An Fragen, wann und wie lange man das ideale Frühstücksei ins Wasser gibt, damit es wachsweich und ohne jeden Knacks gelingt, sind schon Ehen zerbrochen.

Noch schwieriger wäre es, im Hochgebirge ein ideales Frühstücksei zu kochen. Denn der Siedepunkt von Wasser hängt auch vom Luftdruck ab, und je höher man sich befindet, desto niedriger ist der Luftdruck und damit auch die Siedetemperatur von Wasser.

Das ist ganz leicht zu erklären: Wenn Wasser kocht, verdampfen die einzelnen Wasserteilchen, sie begeben sich also vom flüssigen in den gasigen Zustand und steigen nach oben. Ein Wasserteilchen kann grundsätzlich nur verdampfen, wenn es genügend Energie hat, um sich vom Rest des Wassers zu lösen und den Luftdruck zu überwinden, der von außen auf es einwirkt. Wenn der geringer ist, braucht das Wasserteilchen natürlich weniger Energie und damit auch weniger Wärme, um abzudampfen.

Wasser siedet deswegen in den Bergen bei niedrigeren Temperaturen als im Tal, und ein Frühstücksei muss entsprechend länger kochen, um durch zu sein.

Auf dem Mount Everest könnte man sich kein Ei kochen, egal, wie lange man wartet, denn hier liegt der Siedepunkt des Wassers bei etwa 70 Grad. Eiweiß denaturiert erst bei Temperaturen ab 80 Grad, vorher verfestigt es sich nicht.

Wie kommt das Wasser auf den Berg?

Was kaum jemand weiß: Der Amazonas, der Nil, der Mississippi und die meisten anderen Flüsse der Welt werden von Gebirgen mit Wasser versorgt. Und auch wir Mitteleuropäer beziehen etwa sechzig Prozent unseres Trinkwassers aus den Bergen.

Dort regnet oder schneit es nämlich viel mehr als im Flachland, außerdem verdunstet in Höhenlagen weniger Flüssigkeit. Deswegen fallen dort große Wassermengen an, die ständig zu Tal fließen und von oben neuen Nachschub erhalten.

Wenn das Wasser als Regen oder Schnee auf einen Berg getroffen ist, kann es unterschiedliche Wege gehen. Bei großer Kälte bleibt der Schnee dauerhaft liegen, wird von neuem Schnee bedeckt und durch den steigenden Druck zu Eis. Die so entstehenden Gletscher sind langlebige und ergiebige Wasserspeicher.

Unterhalb der Schneegrenze kann das Wasser oberirdisch abfließen und so Bäche, Flüsse und Seen speisen. Oder es versickert, so wird es zu Grundwasser.

Wenn Grundwasser auf dem Weg nach unten auf wasserundurchlässige Schichten trifft, kann es sich stauen und schließlich seitlich abließen, dann tritt es als Quelle an die Oberfläche. Innerhalb eines einzigen Berges kann es mehrere undurchlässige Schichten geben, über denen sich Wasser staut, sogenannte Grundwasserstockwerke. Dann sprudeln auf unterschiedlichen Höhen Quellen hervor.

Warum ist Gletschereis oft blau?

Gletscher brauchen zwei Bedingungen, um entstehen zu können: Niederschlag und ganzjährige Kälte. Denn sie entwickeln sich nur, wenn in einer Region im Winter mehr Schnee fällt, als im Sommer abtaut. In den Alpen ist das ab einer Höhe von 2600 bis 3000 Metern der Fall.

Neuschnee besteht aus Eiskristallen, die zu filigranen Schneeflocken verhakt sind. Mikroskopische Aufnahmen der zauberhaften Schneesterne zeigen die Vielfältigkeit dieser Kristalle. Durch den Druck des ständig nachfallenden Schnees werden sie komprimiert, Luft wird aus dem Schnee gepresst, und sie verwandeln sich in Gletschereis. Wenn bei Sonnenbestrahlung die Oberfläche der Schneedecke schmilzt, sickert Wasser in die tieferen Schneeschichten, gefriert dort und verdichtet die Eisschicht zusätzlich.

In manchen Regionen der Welt, zum Beispiel in Alaska, dauert dieser Verdichtungsprozess nur drei bis fünf Jahre, in anderen viele Hundert. Das ist abhängig von Schneefallmenge und Außentemperatur. Achtzig Zentimeter Neuschnee ergeben rund einen Zentimeter Gletschereis.

Hat sich eine ausreichend dicke Eisschicht gebildet, beginnt der Gletscher zu „wandern". Das kann zwei unterschiedliche Ursachen haben. Manchmal wird sein Gewicht so groß, dass sich zwischen Gestein und unterster Eisschicht durch den hohen Druck ein Wasserfilm bildet, denn Druck bringt Eis zum Schmelzen. Auf diesem Film gleitet der Gletscher langsam

Richtung Tal. Das geschieht aber nur in Regionen, in denen die Temperaturen knapp unter dem Gefrierpunkt liegen.

In kälteren Gegenden wandern Gletscher aus einem anderen Grund: Hier sorgt ihr hohes Gewicht dafür, dass sich das Eis wie eine extrem zähe Flüssigkeit verhält. Unten haftet der Gletscher dann am Untergrund, weil er festgefroren ist, in weiter oben gelegenen Schichten verformt er sich aber fast wie ein Wassertropfen und „fließt" aufgrund des Gefälles und der Schwerkraft ganz langsam Richtung Tal. Gletscher erreichen dabei Geschwindigkeiten zwischen 30 und 800 Metern pro Jahr.

Wasser ist durchsichtig. Gefrorenes Wasser, also Eis, ist auch durchsichtig. Und Schnee ist weiß. Warum sind trotzdem manche Gletscher, die aus Wasser in Form von Schnee und Eis bestehen, leuchtend blau?

Um das zu verstehen, muss man sich erst einmal klarmachen, was Farben überhaupt sind.

Wenn wir zum Beispiel malen, erscheinen uns Farben wie eine farbige Substanz, in die wir den Pinsel eintauchen, um sie aufs Papier aufzutragen. Aber physikalisch betrachtet gibt es Farben eigentlich gar nicht. Unsere Sehzellen erschaffen den Farbeindruck, der in unserem Gehirn ankommt, aus Licht.

In Licht sind viele unterschiedliche Wellenlängen vorhanden. Sie wirken zusammen weiß. Wenn Licht hell auf eine

Oberfläche trifft, werden manche Wellenlängen von dieser Fläche absorbiert, also aufgenommen, andere werden in alle Richtungen zurückgeworfen. Und unsere Sehzellen nehmen nur die Lichtwellen wahr, die direkt in unser Auge zurückfallen. Kurzwelliges Licht kommt uns dabei blau vor, langwelliges rot.

Wir pinseln also beim Malen genau genommen nur eine Substanz aufs Papier, die Licht teilweise schluckt und teilweise zurückwirft.

Schneeflächen sind weiß, weil die vielen Kristalle wie kleine Spiegel weißes Licht in alle Richtungen streuen. Daher werden alle Wellenlängen zurückgeworfen und erreichen unser Auge, wir nehmen also keine Farbe wahr. Eis hingegen ist eigentlich fast durchsichtig. Es wirkt aber ähnlich wie ein ganz schwacher Farbfilter. Es lässt energieärmeres langwelliges Licht durch, also rotes, orangefarbenes, gelbes und grünes Licht. Übrig bleibt ab einer gewissen Dicke nur noch das energiereichere kurzwellige Licht, das zurückgeworfen wird und uns dann am Rand des Gletschers sowie in seinen Spalten strahlend blau erscheint.

Und warum sind Gletscher manchmal rosa? Für diese Färbung sind mikroskopisch kleine Algen verantwortlich, die rote Pigmente einlagern, um sich gegen die starke Sonneneinstrahlung zu schützen.

Wenn die Berge in Flammen stehen

Es sieht aus wie Zauberei, ist aber keine: Kurz nach Einbruch der Dunkelheit färben sich die Westseiten der Bergspitzen oft plötzlich leuchtend rot. Es ist, als würden die Gipfel in Flammen stehen, und bei diesem grandiosen Anblick bleibt selbst gestandenen Bergprofis immer wieder die Luft weg. Verschiedene Sagen versuchen dieses Phänomen zu erklären, zum Beispiel die von König Laurin (siehe das Kapitel „König Laurins Rosengarten"). Doch tatsächlich hat das Alpenglühen eine ganz einfache Erklärung. Helle Felswände und Schneeflächen dienen der untergehenden Sonne kurze Zeit als Leinwand, auf die sie ihre letzten Strahlen projizieren kann. Weil die Sonne in diesem Moment besonders tief steht, haben ihre Strahlen einen langen Weg, bis sie die Erde erreichen. Dabei wird alles kurzwellige, blaue Licht so stark gestreut, dass nur rotes Licht übrig bleibt. Und das lässt die Bergspitzen nun aufglühen, bis die Sonne ganz hinter den Horizont sinkt.

Alpenglühen kann – weniger farbintensiv – auch beim Sonnenaufgang auftreten. Bei gutem Wetter leuchtet es am stärksten.

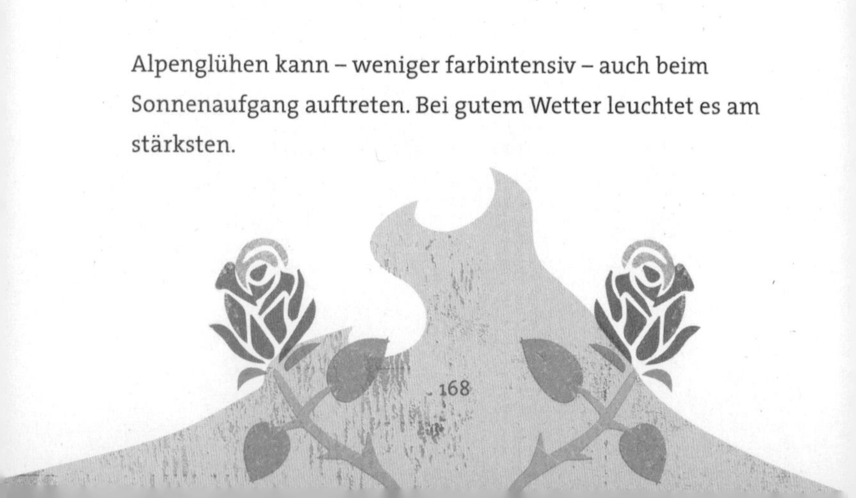

Die weiße Pracht der Berge

Puderzucker auf den Gipfeln

Wer Schnee liebt, kann ihn in unseren Breiten ab einer Höhe von ungefähr 3000 Metern sogar im Sommer genießen. Aber was ist das eigentlich, Schnee?

Schneeflocken bestehen aus gefrorenem Wasser, so viel ist klar. Aber wenn Wassertröpfchen gefrieren, warum werden sie dann nicht zu winzigen Eisklümpchen, sondern zu luftigen Flockengebilden?

Um das zu verstehen, muss man wissen, dass Wolken aus Wasserdampf bestehen, also aus Wasser in gasförmigem Zustand. In den Wolken sind außerdem winzige Schwebeteilchen enthalten, zum Beispiel Pollen, Staub, Bakterien und Aschepartikel. Wenn es in der Wolke sehr kalt wird, dienen diese Partikel als „Kristallisationskeime": Die Wassermoleküle aus dem Wasserdampf verbinden sich rund um den Kristallisationskeim zu sechseckigen Eiskristallen. Dabei überspringen die Moleküle die flüssige Zwischenstufe als Wasser. Sonst würden nämlich wirklich erst Tröpfchen entstehen, die dann gefrieren. Und dieses Überspringen gelingt nur bei sehr niedrigen Temperaturen. Ist es zu warm, entsteht aus der Zwischenstufe „Wassertröpfchen" Hagel statt Schnee.

Wenn die Kristalle nun aus der Wolke nach unten sinken, treffen sie in wärmeren Schichten auf mikroskopisch kleine

Wassertröpfchen, die sich an den Ecken der sechseckigen Kristalle anlagern und sie zu zarten Sternen umformen, keiner wie der andere, jeder einzigartig in seiner Gestalt. Diese Sterne verhaken sich mit anderen und verkleben zu Schneeflocken, die schließlich zu griffigem Neuschnee werden. Bei tiefster Eiseskälte bleiben die Sterne kleiner und fester, dann fallen sie als Pulverschnee auf Berge, Bäume und Dächer.

Kunstschnee

In Skigebieten geht es längst nicht mehr ohne Kunstschnee, denn bleiben die Hänge nass und grün, fällt die Wintersaison buchstäblich ins Wasser. Und mit Kunstschnee kann man das nicht nur verhindern, man kann die Skisaison sogar insgesamt verlängern. Inzwischen gibt es Maschinen, die bei Außentemperaturen von bis zu zwanzig Grad Schnee herstellen. Da können Skifahrer sogar im T-Shirt Hänge herabgleiten. Kunstschnee wird wie richtiger Schnee aus Wasser und nicht aus einem künstlichen Substrat hergestellt. Fachleute sprechen daher von „technischem Schnee". Anders als Schnee, der vom Himmel fällt, besteht er aber nicht aus Millionen von Schneekristallen, von denen keiner dem anderen gleicht, sondern aus winzigen Eisstückchen, strenggenommen ist er also eher ganz feiner Hagel. Es gibt unterschiedliche Verfahren, mit denen diese Körnchen dann noch zu einfachen Kristallen umgeformt werden können, die echtem Schnee ein bisschen ähneln.

Kunstschnee, der Hoteliers und Skifahrer beglückt, alarmiert aber vielerorts inzwischen Umweltschützer. Und zwar aus vier Gründen: Erstens werden dem Kunstschnee manchmal Proteine zugesetzt, die seine Herstellung erleichtern. Die sickern nach dem Schmelzen in den Boden, und es ist unklar, welche Auswirkungen das auf die Umwelt hat. Außerdem werden für Kunstschnee große Wassermengen verbraucht. Dafür müssen in den Bergen inzwischen sogar eigene Stauseen angelegt werden. Wegen seiner runden Schneekörner bleibt Kunstschnee drittens im Frühling länger liegen als natürlicher Schnee und schädigt so die Wiesen, die er bedeckt. Und nicht zuletzt benötigt man für seine Gewinnung Energie. Genau genommen steuert man also mit Kunstschnee den negativen Folgen der Klimaerwärmung entgegen und verstärkt dabei gleichzeitig ihre Ursachen. So zerstört man im Winter dauerhaft die heile Bergwelt, die Sommerurlauber lieben. Gut möglich, dass Bergregionen sich irgendwann entscheiden müssen, welcher Saison sie den Vorzug geben.

Zu Tale brettern – Wintersport

Warum man auf Skiern so leicht zu Tale gleiten kann, lässt sich physikalisch einfach erklären: Mit den Brettern üben Skifahrer Druck auf den Schnee aus, dadurch schmilzt die oberste Schicht. Nicht viel, nur ein bisschen, aber das genügt, um einen hauchdünnen Wasserfilm zu erzeugen, der die Reibung zwischen Schnee und Ski verringert.

Zu viel Wasser unterm Ski ist aber nicht gut, das wissen alle, die schon einmal durch Schneematsch gefahren sind. Wird der Ski nämlich von Wasser umschlossen, saugt er sich fest und gleitet schlecht.

Das einfache Prinzip des Skifahrens haben Steinzeitmenschen schon früh erkannt und genutzt. Der älteste bisher gefundene Ski ist ungefähr 5000 Jahre alt. Diese frühen Schneebretter unter den Füßen dienten aber nur zur Fortbewegung bei der Jagd oder im Kampf. Erst im 17. Jahrhundert kamen slowenische Bauern auf die Idee, rein zum Spaß Ski zu fahren. Und im 18. Jahrhundert sorgten norwegische Skifahrer dann mit ersten Wettkämpfen für die Verbreitung dieser Sportart.

Norweger waren es auch, die den Skiern schon früh die heutige Form verliehen haben, mit einer „Taille", damit sie sich leichter lenken lassen.

Seit 1936 ist Skifahren eine olympische Disziplin, und seit den 1950er-Jahren entwickelte es sich zum Massensport. Inzwischen gibt es neben den klassischen Skisportarten im

Bereich Abfahrt- und Langlaufski eine Vielzahl an Sportarten, bei denen man auf weißen Hängen zu Tale brettert:

Carving: Spezielle Ski ermöglichen dabei eine Kurventechnik, bei der man die Schwünge auf Stahlkanten fährt, was insgesamt die Geschwindigkeit erhöht.

Freeriden/Backcountry Skiing: Fahren im freien Gelände abseits markierter Pisten durch Tiefschnee; erfordert gute Kenntnisse in Lawinenkunde.

Heliskiing: Freeriding, bei dem man mit Helikoptern in schwer zugängliche Bergregionen fliegt und von dort aus startet.

Skialpinismus: Bergsteigen auf Skiern.

Speedski: Wie der Name schon sagt, rast man dabei auf speziellen, steilen Pisten so schnell wie möglich bergab. Geschwindigkeiten von bis zu 255 Stundenkilometern sind möglich.

Snowboarden: Quasi das Skateboard für den Winter. Fast alle Extremskisportarten gibt es auch für Liebhaber nur eines Brettes unter den Füßen.

Telemarken: Total retro und deswegen total in. Bei dieser Kurventechnik, die in Norwegen im 19. Jahrhundert entwickelt wurde, kniet der Fahrer in der Kurve auf dem inneren Ski. Dabei ist der Fuß natürlich nur an der Spitze fest mit dem Ski verbunden, die Ferse ist frei beweglich. Nur was für sehr gut trainierte Fahrer!

Freestyle-Skiing: Auf Deutsch heißt diese Disziplin Trickskifahren. Dahinter verbirgt sich Skiakrobatik wie im Skaterpark, also Skifahren auf Schanzen oder in Half Pipes.

Buckelpistenfahren: Hinter diesem schönen Wort ohne jeden Anglizismus verbirgt sich keine angestaubte Seniorensportart, sondern die Königsdisziplin des Freestyle-Skiing: Man fährt mit Schwüngen über eine Strecke voller „Buckel", die bis zu einem Meter hoch sein können, bei Wettbewerben sind auch zwei Sprünge pro Piste vorgeschrieben.

Klimawandel im Gebirge

Gebirgsregionen reagieren besonders sensibel auf Klimaveränderungen. Das liegt daran, dass es in den Bergen beim Klimaanstieg einen Rückkopplungseffekt gibt, den man kurz gesagt so beschreiben kann: Wenn es in den Bergen weniger schneit, wird es dort künftig noch weniger schneien. Oder ausführlicher erklärt: Wenn es weltweit wärmer wird, findet das Abschmelzen des Schnees in den Bergen um Monate früher statt. Auch viele Gletscher schmelzen und werden kleiner. Dadurch können Sonnenstrahlen nicht wie zuvor von der Schneedecke reflektiert werden. Durch diesen Rückkopplungseffekt steigt die Temperatur in den Gebirgsregionen zusätzlich. Derzeit beobachten Wissenschaftler in den Alpen sogar einen Anstieg der Temperatur um bis zu 1,6 Grad, und das ist deutlich mehr als im globalen Trend. Dort liegt die durchschnittliche Erwärmung bei knapp einem Grad. Deswegen schneit es in den Bergen dann noch seltener als früher, dafür regnet es mehr. Und damit setzt sich dieser Kreislauf fort.

Das Abschmelzen des Schnees und der Gletscher hat außerdem große Auswirkungen auf das Biosystem der Berge. Eine geschlossene Schneedecke hat im Gebirge nämlich für viele Tiere und Pflanzen überlebenswichtige Funktionen. Im Winter schützt sie den Boden und alles, was darin lebt, vor starkem Frost, und im Frühjahr versorgt sie die Organismen beim Tauen mit Feuchtigkeit.

Eine Abnahme der Schneefälle beschleunigt zudem das Abtauen der Gletscher, da sie so der direkten Sonneneinstrahlung und den gestiegenen Durchschnittstemperaturen früher und länger ausgesetzt sind. Im 20. Jahrhundert haben beinahe alle Gletscher weltweit an Länge verloren. Zwar reagieren besonders mittelgroße und große Gletscher träge und verzögert auf Klimaveränderungen und spiegeln nicht das aktuelle Klima, sondern das der vergangenen Jahrzehnte bis Jahrhunderte wider. Dennoch ist der Rückgang der Eisflächen deutlich ablesbar, und Experten befürchten, dass die Alpengletscher innerhalb weniger Jahrzehnte bis auf kümmerliche Reste verschwinden könnten.

Was das genau für Tiere und Pflanzen in den Bergen bedeutet, kann niemand vorhersehen. Einige werden ihren Lebensraum verlieren, andere können möglicherweise neue Regionen erobern. Nicht nur einzelne Arten, auch ganze Höhenstufen werden sich, getrieben durch die globale Erwärmung, in Richtung Gipfel verschieben. Dieser Trend konnte bereits beobachtet werden, und bei einem Temperaturanstieg von weiteren ein bis zwei Grad könnte es zu einer Wanderung der Baumgrenze um bis zu zweihundert Metern nach oben kommen.

Gravierender werden die Folgen des Klimawandels in den Bergen für die Gattung Mensch ausfallen. Wenn Eismassen schmelzen, kommt es vermehrt zu Felsstürzen und abrutschenden Schuttmassen. Starkniederschläge und Schmelzwasser erhöhen die Hochwassergefahr. Zugleich könnte durch später fehlendes Schmelzwasser in manchen Regionen das andere Extrem auftreten: Böden trocknen aus, und Wasserläufe versiegen vielleicht sogar ganz. Selbst große Flüsse wie der Rhein könnten im Sommer trockenfallen.

Was wir alle tun können, um den Klimawandel aufzuhalten, ist bekannt: Wir müssen unter anderem Energie sparen, sorgfältig mit der Natur umgehen und aufs Auto, wann immer möglich, verzichten.

Damit Letzteres auch im Gebirge möglich ist, haben sich Touristenregionen in den Alpen jetzt zu zwei Organisationen zusammengeschlossen, die sanften Tourismus fördern. „Alpin Pearls", so nennt sich ein Verein, dem fünfundzwanzig Touristenregionen aus sechs Ländern beigetreten sind. In diesen Gebieten wurde der öffentliche Nahverkehr ausgeweitet, es gibt umweltfreundliche Freizeitangebote, und Gäste können problemlos ohne Auto an- und abreisen.

Als „Bergsteigerdörfer" dürfen sich Orte bezeichnen, die nachhaltigen Tourismus fördern. Hier geht es nicht nur um sanfte Mobilität, sondern auch um die Bewahrung von Natur, Landwirtschaft, örtlicher Kultur und traditioneller Bauweise. Diese Initiative ging von Österreich aus, inzwischen gibt es aber auch schon erste Bergsteigerdörfer in Deutschland und der Schweiz. Wer also einen Urlaubsort sucht, bei dem er abends nach langer Wanderung mit gutem Gewissen auf ein sanftes Ruhekissen sinken kann, findet sein Quartier vielleicht auf der Homepage einer dieser beiden Verbände:

www.alpine-pearls.com • www.bergsteigerdoerfer.at

Hoch und heilig – göttliche Wohnsitze

Berge ragen bis weit in den Himmel, ihre Gipfel sind oft von Wolken verhangen. Manchmal rauchen sie oder speien gar Feuer. Sie bereichern das Leben unzähliger Menschen – und manchmal nehmen sie es auch. Sie inspirieren Menschen zu großer Kunst und mutigen Taten, aber manchmal auch zu tödlichen Touren. Auf ihnen wachsen heilende Kräuter und giftige Beeren. Manchen Spalten entspringen kristallklare Quellen, und in anderen stürzen Wanderer in die Tiefe. Kein Wunder, dass in vielen Weltregionen Berge als Sitz der Götter oder heilige Orte gelten.

In vielen Kulturen wurden früher die höchsten Berge einer Region als Heiligtum verehrt. Für die Chagga und die Massai war das der Kilimandscharo (5895 m), in Japan der Vulkan Fuji (3776 m) und im flachen Australien der nur 863 Meter hohe rote Uluru, auch Ayers Rock genannt, der noch heute für religiöse Veranstaltungen genutzt wird.

In Griechenland galt der mit 2918 Metern höchste Gipfel Olymp als Wohnsitz der mächtigsten Götter. Diese Olympier, angeführt von Göttervater Zeus, tragen sogar seinen Namen. Heute zieht der Olymp Besucher aus aller Welt an, die seine Wege erwandern, archäologische Ausgrabungsstätten besichtigen und seine Tier- und Pflanzenwelt bewundern.

Den Olymp darf jeder besuchen, den heiligen Berg Athos nicht. Er ist 2033 Meter hoch und liegt auf der gleichnamigen Halbinsel im Norden Griechenlands. Man benötigt eine Genehmigung, um sie betreten zu dürfen, und Frauen ist der Besuch grundsätzlich verboten. Die Insel beherbergt nämlich eine autonome Mönchsrepublik mit zwanzig Klöstern. Hier leben rund dreitausend Mönche nach äußerst strengen Regeln, und dabei wollen sie nicht von Frauen gestört werden. Nicht einmal weibliche Haustiere sind zugelassen, nur Katzen, weil die mehr Mäuse fangen als Kater.
Und warum ist der Athos heilig? Natürlich wegen einer Frau. Die Jungfrau Maria landete bei einer Reise angeblich einst hier, als das noch möglich war, und taufte persönlich die dort lebenden Eremiten.

Der Berg Sinai in Ägypten ist 2285 Meter hoch. Hier soll Moses von Gott die Zehn Gebote erhalten haben. Es ist aber unklar, ob der heutige Berg Sinai tatsächlich der ist, den Moses einst bestieg. Seine Lage wird in den heiligen Schriften nämlich nicht näher beschrieben, und Experten diskutieren auch andere Erhebungen in der Umgebung als historischen Sinai.

Vier Religionen bezeichnen den Kailash in Tibet als heiligsten aller heiligen Berge, weil er für sie das Zentrum des Universums ist: der Buddhismus, der Hinduismus und die beiden unbekannteren Religionen Jainismus und Bön. Je nach Glaube wird er als Mittelpunkt des Universums verehrt, als Sitz der Götter oder als Ort, an dem ein Religionsstifter Erleuchtung fand. Der schneebedeckte Gipfel des Kailash ist geformt wie ein Kristall und bisher – aus religiösen Gründen – unbestiegen. Gläubige Pilgerer umrunden den Berg, dafür erlangt man Vergebung der Sünden. Wer es einhundertachtmal geschafft hat, ist nach buddhistischer Auffassung erleuchtet. Das ist aber nicht ohne: Die Strecke ist 53 Kilometer lang und führt in Höhen bis 5300 Metern.

5.300 m

Das Kreuz mit dem Kreuz

Besonders in katholischen Gegenden sind markante Berggipfel oft mit einem Kreuz gekennzeichnet. Schon im dreizehnten Jahrhundert wurden Berghöhen so gekennzeichnet. Kritiker merken in jüngster Zeit allerdings immer wieder an, dass die Natur nicht zu religiösen Zwecken instrumentalisiert werden sollte. Versuche, Berggipfel mit neutraleren Symbolen wie Fahnen oder Obelisken zu versehen, sind jedoch bisher hierzulande meist gescheitert.

An vielen Orten sind Gipfelkreuze inzwischen mit Tafeln versehen, auf denen Lebensweisheiten ohne religiösen Hintergrund stehen. Hier ein Beispiel vom Mödringkogel in der Steiermark, frei nach Rousseau zitiert:

Freiheit heißt nicht,
tun zu können, was man will,
sondern nicht tun zu müssen,
was andere wollen.

Holladaittijooo – Jodeln

Jodeln ist Gesang ohne Text, bei dem die Stimme schnell und melodisch zwischen Brust- und Kopfstimme hin- und herwechselt. Wie Jodeln klingt, weiß jeder. Wie es geht, wissen allerdings nur Eingeweihte. Und warum in den Bergen gejodelt wird, weiß niemand genau, obwohl Jodeln zur Gebirgswelt gehört wie Heidi zum Almöhi.
Und das nicht nur in der Schweiz oder in Tirol. Gejodelt wird weltweit, sogar in der Mongolei, in Alaska und im afrikanischen Regenwald, also durchaus auch in flachen Regionen. Ging es dabei ursprünglich darum, sich in unwegsamem Gelände zu verständigen? Oder wollte man damit das Vieh rufen? Beides hätte man auch mit einem lauten Schrei bewerkstelligen können. Manche Wissenschaftler glauben daher, dass das Auf und Ab der Stimme zumindest in Bergregionen ursprünglich eine kreative Art war, das Auf und Ab der Landschaft im Gesang widerzuspiegeln. In anderen Ländern diente es vielleicht dazu, böse Geister zu vertreiben.

Fest steht: Jodeln macht ganz offensichtlich glücklich, das berichten viele, die es ausprobiert haben. Und das wäre ja auch ein guter Grund für seine Entstehung.
Und wie geht es? Ungefähr so: Tief in den Bauch einatmen, beim Ausatmen laut einen Dauerton singen und dann die Stimme zur Kopfstimme ins Falsett schnackeln lassen.
Klingt, als hätte man einem Hund auf den Schwanz getreten? Das ist ganz normal. Fürs Jodeln braucht man viel Übung und am besten professionellen Gesangsunterricht. Kein Wunder, dass man das „Jodeldiplom", das Loriot für einen Sketch erfunden hat, inzwischen tatsächlich machen kann.
Den Weltrekord im Dauerjodeln hält übrigens eine Gesangslehrerin aus Bayern mit einem mehr als fünfzehnstündigen Jodelmarathon.

Tiroler Triller

„Wir gingen weiter und stießen bald auf ein halbes Dutzend weidender Schafe unter dem Gischt eines Gießbaches, der wohl hundert Fuß hoch sich am Felsen herabstürzte. Doch horch! Ein melodisches »Lal ... l ... l ... lal, ... loil-lahi-o-o-o!« trifft unser Ohr. Wir hören zum ersten Mal das berühmte Alpenjodeln inmitten der wilden Gebirgsgegend, in der es heimisch ist. Es ist jenes seltsame Gemisch von Bariton und Falsett, das wir zu Hause Tiroler Triller nennen.

Das Gejodel war hübsch und munter anzuhören und bald erschien der Jodler – ein Sennbub von sechzehn Jahren. In unserer Freude und Dankbarkeit gaben wir ihm einen Franken, damit er weiterjodle. Er jodelte, und wir lauschten. Beim Weitergehen jodelte er uns großmütig außer Sicht. Ebenso der Zweite, auf den wir eine Viertelstunde später stießen, und dem wir seine Kunst mit einem halben Franken bezahlten.

Von nun an begegneten wir alle zehn Minuten einem Jodler; dem ersten gaben wir 8 Cts., dem zweiten 6, dem dritten 4, dem vierten 1 Cts., Nummer 5, 6, 7 erhielten gar nichts! Für den Rest des Tages erkauften wir das Stillschweigen der übrigen Jodler mit 1 Fr. per Kopf. Man bekommt es unter solchen Umständen doch schließlich satt."

Mark Twain

Vom Wegweiser zur Plage – das Steinmandl

Ursprünglich dienten die kunstvoll errichteten Steinhaufen, die man in den Alpen Steinmandl nennt, als Wegmarkierungen. In Bergregionen ohne Beschilderungen wurden sie in Sichtweite voneinander errichtet und führten Wanderer auf den rechten Pfad. Und wer an einem dieser Steinmännchen vorbeikam, legte weitere Steine dazu, um das wichtige Bauwerk zu erhalten und zu stabilisieren.

In manchen Ländern hatten Steinmännchen früher noch weitere Bedeutungen: In Norwegen und Island beispielsweise glaubte man, Trolle besänftigen zu können, wenn man als Opfergabe einen weiteren Stein dazulegte.

Obwohl heute die meisten Wanderwege beschildert sind, gibt es in vielen Orten immer noch die Tradition, Steinmandln zu errichten und zu erhalten. Mancherorts werden sie mittlerweile sogar zum Problem. Denn wenn menschlicher

Spieltrieb auf den Wunsch trifft, in der Landschaft Spuren zu hinterlassen, kann das zu einer wahren Flut von Steintürmchen führen. Die dienen dann nicht mehr als Markierung, sie sind eher vergleichbar mit Sandburgen am Strand oder geschnitzten Herzen in Baumrinden, indem sie verkünden: „Ich war da."

Erfahrungsgemäß will so was gar nicht jeder wissen. Auf Mallorca beispielsweise ärgern sich Einheimische inzwischen über diese Angewohnheit von Touristen. Denn wenn Steine in solchen Massen wie dort üblich gesammelt und aufgetürmt werden, stört das nicht nur das Auge von Naturliebhabern, sondern auch das empfindliche Ökosystem der Strand- und Berglandschaft.

Auf Gletscher und Geröll

Nager mit Pfiff – Murmeltiere

Sie erinnern ein bisschen an Erdmännchen, sind aber in Wahrheit Erd*hörnchen*. Die Rede ist von den Alpenmurmeltieren, und ob Hörnchen oder Männchen, ist in diesem Fall ein großer Unterschied. Afrikanische Erd*männchen* gehören nämlich zu den fleischfressenden Raubtieren, während Erd*hörnchen* zu den Nagetieren zählen.

Die stämmigen Murmeltiere sind zwar nach dem Biber und dem Stachelschwein die drittgrößten Nager Europas, aber bei Gefahr sind sie trotzdem völlig wehrlos. Ihre langen Zähne dienen nur zum Fressen und zum Bau der weit verzweigten Tunnelsysteme, in denen sie leben.

Die friedlichen Murmel sind ein interessantes Beispiel dafür, wie gut manche tierischen Spezialisten an die Bergwelt angepasst sind. Eigentlich sind Murmeltiere nämlich extrem wärmeempfindlich. Um ihre Körpertemperatur auszugleichen, können sie weder schwitzen wie Menschen noch hecheln wie zum Beispiel Hunde. Wenn die Temperaturen steigen, haben sie aber zwei Tricks. Nummer eins: ihre Erdbauten. Darin können die langen, flachen Nager mit den kräftigen Grabpfoten einfach für eine Weile verschwinden. Wandelt sich das Klima aber grundlegend und es wird dauerhaft zu warm, kommt Trick zwei zur Anwendung, dann besiedeln sie einfach höhere, kühlere Lagen. So konnten die knuffigen Nager

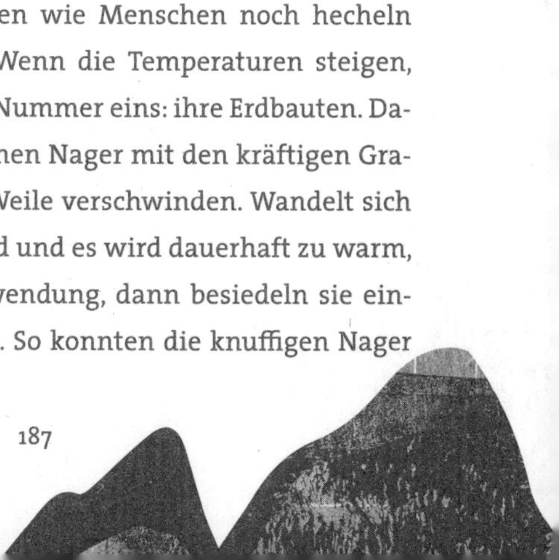

seit der Eiszeit alle Umwelt- und Klimakatastrophen überleben. Wer sich schon gewundert hat, warum man Murmeltiere nie im Tal sieht: Auch das liegt an der Hitzeempfindlichkeit der Tiere. Dort wird es ihnen im Sommer einfach viel zu warm. Manchmal nehmen Murmeltiere allerdings ganz gezielt ein Sonnenbad, um lästigen Parasiten in ihrem Fell einzuheizen. Dazu legen sie sich dann platt auf einen kühlen Stein oder auf feuchte Erde. So können sie die Hitze aushalten, quasi mit Fußbodenkühlung.

Murmeltiere leben in Gruppen mit etwa zwanzig Mitgliedern, die aus Eltern und Jungtieren unterschiedlicher Jahrgänge bestehen. Erst im Alter von ungefähr drei Jahren wandern die Jungtiere ab und gründen eigene Rudel. Bei Gefahr geben Murmel hohe Schreie von sich, die wie Pfiffe klingen. Beachtung finden solche Rufe allerdings nur, wenn sie vom ranghöchsten Männchen kommen. Ein rangniederes Tier kann sich ungehört die Seele aus dem Leib pfeifen. Wenn der Chef die Warnung nicht weitergibt, wird es von allen anderen ignoriert.

Um die Rangordnung im Rudel können sich Murmeltiere übrigens leidenschaftlich streiten. Sie sind aber auch ausgeprägte Kuschler und begrüßen sich gegenseitig mit einer Art Kuss, bei dem sie die Nasen aneinanderreiben.

Murmeltiere pfeifen auf zwei Arten: Bei einem langen, lauten Pfiff herrscht Alarmstufe rot, dann kommt die Gefahr schnell, ein Greifvogel könnte im Anflug sein. Mehrere kurze Pfiffe bedeuten: Die Gefahr kommt langsam, also ist da vielleicht ein Mensch oder ein Fuchs unterwegs. Eigentlich sind sie extrem

scheu, in manchen Bergregionen haben sie aber gelernt, dass Menschen harmlos sind, und zeigen sich Wanderern ohne Angst.
Dieses Vertrauen ist nicht immer gerechtfertigt. Murmeltiere sind zwar nicht besonders schmackhaft und nur nach aufwendiger Zubereitung genießbar, in manchen Gegenden wurden und werden sie aber trotzdem gegessen. Und Murmeltierfett gilt vielerorts als Hausmittel gegen Arthrose (siehe auch das Kapitel „Heilmittel aus den Bergen“).

Übrigens: In einigen Bergregionen sind wildlebende Murmeltiere inzwischen so zahm, dass man sie besonders gut beobachten kann, zum Beispiel in Österreich auf der Kaiser-Franz-Josefs-Höhe am Großglockner sowie auf der Bachlalm am Dachstein oder auch in der Schweiz oberhalb von Saas-Fee.

Leben unter Extrembedingungen – der Gletscherfloh

Eis und Schnee, Kälte und Wind. Viel mehr gibt es auf einem Gletscher nicht. Nur hier und da ragen Felsmassive aus dem kalten Meer hervor. Sie wirken einsam in den Massen aus erstarrtem Wasser, das sie umgibt. Die Landschaft erscheint unwirklich, wie eine gefrorene Mondlandschaft. Man könnte denken, dass hier oben, in dieser Wüste aus Eis und Schnee, kein Leben mehr möglich ist. Und doch gibt es einige wenige Wesen, die sich hier allen widrigen Umständen zum Trotz dauerhaft eingenistet haben. Der hartgesottenste dieser Ödnisbewohner ist der Gletscherfloh.

Um diesen Überlebenskünstler zu entdecken, muss man ganz genau hinschauen, denn er ist nur ein bis zwei Millimeter groß. Der kleine Sechsfüßer aus der Klasse der Springschwänze ist eine der wenigen Tierarten, die dauerhaft auf Schnee und Eis leben können. Weil er schwarz ist und hüpft, kann man ihn auf weißem Untergrund durchaus erkennen, doch für ihn ist das gar nicht so günstig, denn natürlich sehen ihn auch seine Feinde. Viele sind es in der unwirtlichen Umgebung nicht, aber in den Übergangszonen zu schneefreien Gebieten lauert manchmal ein Gletscherweberknecht hinter einem Stein auf Beute, und dem entkommt der winzige Hüpfer dann nur noch mit einem beherzten Sprung.

Um erst gar nicht in diese unangenehme Situation zu kommen, lebt der Geltscherfloh die meiste Zeit unter der Oberfläche. Im eisigen Untergrund hat er nämlich keine Feinde. Und Kälte ist für den Gletscherfloh gar kein Problem, daran ist er perfekt angepasst. In seinem Körper produziert er eine Verbindung aus Alkohol und Zucker, die ähnlich wie Frostschutzmittel funktioniert. So setzt er den Gefrierpunkt seiner Körperflüssigkeiten herab, und Temperaturen bis zu minus fünfzehn Grad Celsius können ihm nichts anhaben. Bei Temperaturen über dem Gefrierpunkt wird es ihm sogar zu warm, und ab zwölf Grad gerät er in Atemnot und stirbt.

Bei gutem Wetter tummeln sich die kleinen Flöhe trotzdem manchmal auf der Eisoberfläche. Inzwischen weiß man, dass

sie das allerdings nicht tun, um die Sonne zu genießen, sondern um vor dem Schmelzwasser zu fliehen. Darin können sie nämlich ertrinken.

Trotz der eisigen Temperaturen findet der hüpfende Winzling auf dem Gletscher genug Nahrung, denn viel braucht er nicht. Auf seiner Speisekarte stehen Schneealgen, vom Wind angewehte Blütenpollen und Pflanzenreste. Sie bilden zusammen mit anderen mineralischen und organischen Teilchen den sogenannten Gletscherschlamm, wissenschaftlich auch Kryokonit genannt, und den findet der Floh nicht nur lecker, darin wohnt er auch gern.

Mit Balz, Paarung und Jungenaufzucht hält sich der Eishüpfer nicht lange auf. Die Männchen deponieren ihre Samenpakete im Eis, die Weibchen nehmen sie auf und legen später die befruchteten Eier auch wieder dort ab. Vier Monate später schlüpfen rosarote Flohkinder, die sich in der Wachstumsphase einmal im Monat häuten, bis aus ihnen nach ungefähr einem Jahr stattliche Flöhe werden. Die leben mit ein bisschen Glück ungefähr zwei Jahre, und das trotz Kälte, Schnee und Eis. Eine beachtliche Leistung.

Blühende Höhenrekorde – Edelweiß und Co.

Das Edelweiß ist sicher die bekannteste Bergblume der Alpen. In vielen Heimatgeschichten, Liedern und Gedichten versucht ein Naturbursche, eine gefährliche Felswand zu erklimmen, um seiner Liebsten eine der sternförmigen Edelweißblüten zu pflücken, die ganz weit oben an einem Hang wächst, wobei er in der Regel ums Leben kommt.

Diese Darstellungen enthalten aber drei Fehler: Erstens wächst das Edelweiß nur selten an steilen Felsen, es fühlt sich auf einer steinigen Bergwiese viel wohler. Zweitens ist der weiße Stern nicht die Blüte dieser Pflanze, sondern eine sogenannte Scheinblüte, die die im Zentrum liegenden winzigen Blüten schützt und Insekten für sie anlockt. Und drittens darf man Edelweiße nicht pflücken, sie sind streng geschützt.

Wahr ist aber, dass Edelweiße in großen Höhen vorkommen, sie gedeihen in Lagen bis 3000 Meter.

Noch höher kann man eine weitere bekannte Alpenpflanze entdecken, den leuchtend blauen Kurzblatt-Enzian. Exemplare dieser seltenen Art, die leicht mit dem Rundblatt-Enzian verwechselt werden, wurden am Matterhorngrat sogar auf einer Höhe von 4200 Metern entdeckt.

Noch höher kommt in den Alpen der Gletscher-Hahnenfuß, der zu Beginn weiß, später rot blüht. Lange Zeit galt er in den Bergen sogar als Höhenrekordhalter. Inzwischen wurde er aber vom Zweiblütigen Steinbrech übertrumpft, einer krautigen Pflanze mit kleinen, dunkelvioletten Blüten, die am Südgrat des Dom, einem Berg in den Walliser Alpen, auf einer Höhe von 4450 Metern gefunden wurde.

Der Yeti – Affe, Bär oder Schneemensch?

Gibt es ihn, oder gibt es ihn nicht? An dieser Frage scheiden sich die Geister. Einige beharren darauf und wollen schon selbst einen Yeti gesehen haben. Andere nennen ihn im selben Atemzug mit anderen fremdenverkehrsfördernden Fabelwesen, wie dem Ungeheuer von Loch Ness, und bezweifeln seine Existenz.

Angeblich ist der Schneemensch zwei bis drei Meter groß, behaart und geht auf zwei Beinen, darüber sind sich die meisten Augenzeugen einig. Fußspuren wurden auch schon entdeckt, genau wie Lagerstätten. In einem Kloster in Nepal kann der vermeintliche Skalp eines Yetis besichtigt werden. Und sogar Fotos und Videoaufnahmen versuchen, seine Existenz zu belegen. Über die Echtheit all dieser Beweise streiten Yeti-Fans und Yeti-Gegner erbittert, ähnlich wie beim Ungeheuer von Loch Ness. Denn leider sind die Videos immer verwackelt und die Fotos seltsamerweise immer verschwommen. Trotzdem glauben nicht nur Einheimische, sondern auch manche Wissenschaftler an die Existenz der haarigen Riesen.

Über einige Merkmale gehen aber selbst die Meinungen der Gläubigen auseinander. So ist beispielsweise das Verbreitungsgebiet des großfüßigen Bergbewohners nicht klar abgegrenzt. Der eigentliche Yeti wohnt zwar ganz klar im Himalaya. Aber auch in Sibirien und anderen schneelastigen Gebieten Russlands, wo der Schneemensch „Menk“ genannt wird, und sogar in Europa, etwa in Polen und der Ukraine, gab es angeblich Sichtungen. Und in Nordamerika lebt vorgeblich ebenfalls ein Verwandter des Yeti, der sogenannte Bigfoot. Je nach Heimatregion hat das Zottelwesen offenbar unterschiedliche Nahrungsvorlieben. Bigfoot jagt anscheinend bevorzugt Hirsche. Der Menk hingegen ernährt sich Experten zufolge vegetarisch und isst gerne Hafer. In Bhutan erzählt man sich, der dortige Yeti würde stinken, sei gefährlich und verspeise Gehirne.

Auch die Verwandtschaftsverhältnisse zu lebenden Tierarten sind strittig. Ist der Yeti ein Affenmensch? Oder eher ein aufrecht gehender Bär?

Was wirklich an den Geschichten über den Yeti dran ist, wollten die Forscher von der Universität Oxford und des Naturkundemuseums Lausanne herausfinden. 2012 untersuchten sie deswegen DNA-Proben von Yeti-Funden aus aller Welt. Die meisten angeblichen Yeti-Haare stammten danach von Bären, aber auch von Pferden, Kühen, Schafen, Waschbären, Wölfen, Hirschen und Tapiren. Sogar Menschenhaare fanden sich darunter.

Zwei Haarproben aus Indien und Bhutan ließen sich allerdings tatsächlich keinem bekannten Säugetier zuordnen. Die Struktur ihrer DNA ähnelte Proben, die in Norwegen dem Kieferknochen einer Eisbärenart entnommen worden waren. Allerdings ist dieser Bär vor ungefähr 40 000 Jahren ausgestorben. Oder eben doch nicht ganz? Vielleicht gibt es ja in den Hochlagen der Gebirge tatsächlich noch letzte Verwandte dieser Art. Das wäre eine mögliche Erklärung für die vielen

Yeti-Sichtungen und eine Stärkung der Bären-Hypothese. Andere Yeti-Anhänger beharren aber darauf, dass der Yeti ein affenähnliches Wesen sei.
Manchmal gibt es auch ganz einfache Erklärungen für vermeintliche Sichtungen des Riesen mit den großen Füßen. In North Carolina zum Beispiel glaubten Bigfoot-Jäger, mitten im Wald einen Affenmenschen aufgestöbert zu haben. Sie verfolgten das langhaarige Wesen so lange, bis es sie mit Steinen bewarf und fliehen konnte. Wenig später outete sich ein Sechsunddreißigähriger, der vermeintliche Bigfoot gewesen zu sein. Er war von den Jägern bei einem schamanischen Ritual gestört worden, für das er ein Tierfell getragen hatte. Dass er die Jäger allerdings mit Steinen beworfen haben soll, bestritt der Mann. Vielleicht lauerte Bigfoot also doch irgendwo in der Nähe im Gebüsch und half seinem Lookalike.

In Bhutan kursieren einer dpa-Meldung zufolge Ratschläge für den Fall, dass man einen Yeti trifft. Handelt es sich um ein Weibchen, sollte man bergab fliehen. Die große Oberweite der Yetifrau hindert sie nämlich daran, ihr Opfer in diese Richtung zu verfolgen. Handelt es sich dagegen um ein Yetimännchen, soll man unbedingt bergauf flüchten. Beim Rennen nach oben ist dem Yetimann nämlich sein langes Haarkleid im Weg.

Survivaltipps für Bergwanderer

Lawinengefahr

Lawinen sind in den Bergen noch immer ein großes Problem. Allein in den Alpen werden pro Jahr durchschnittlich hundert Wintersportler durch Schneerutsche getötet. Meistens waren die Unfallopfer außerhalb gesicherter Gebiete unterwegs. Lawinen können mittlerweile aber sehr gut vorausgesagt werden, und Risikogebiete sind bekannt. In den meisten Fällen lösten die Opfer die todbringende Lawine selbst aus. Sie brachten aus Versehen ein Schneebrett ins Rutschen, das sie mit ins Tal riss.

Selbst wenn man einen solchen Sturz überlebt, ist die Wahrscheinlichkeit gering, rechtzeitig gefunden und ausgegraben zu werden. Rechtzeitig heißt nämlich: innerhalb von fünfunddreißig Minuten, am besten sogar innerhalb von fünfzehn Minuten, danach ist die Atemluft mit großer Wahrscheinlichkeit verbraucht. Nur wenige Lawinenopfer haben das Glück, dass sich in der Lawine eine Atemhöhle bildet. Und auch dann kann man im eiskalten Schnee selten länger als neunzig Minuten aushalten, bevor man an Unterkühlung stirbt.

Was tun?

Die aktuelle Lawinengefahr wird in betroffenen Regionen täglich in fünf Stufen angegeben, von eins (gering) bis fünf (sehr hoch). Ab Stufe drei sollte sich niemand auf ungesicherte Hänge begeben, der nicht in Lawinenkunde ausgebildet ist und die komplizierten Berechnungsmethoden zur Bestimmung des jeweiligen Risikos am Hang kennt.

Auch wer sich die Berechnung zutraut und gesichertes Gelände verlässt, sollte zusätzlich eine Sicherheitsausrüstung mit sich führen. Dazu gehören ein Gerät, das Signale sendet und empfängt, um Verschüttete zu finden oder im Notfall selbst gefunden zu werden, eine Sonde, also ein zusammenfaltbarer, sehr langer Stab, mit dem man durch vorsichtiges Stochern die Verschüttungstiefe mechanisch feststellen kann, eine Lawinenschaufel, ohne die es unmöglich ist, jemanden aus Schnee auszugraben, und ein geeignetes Gerät zur Kommunikation mit anderen Helfern, also ein Handy oder eine Trillerpfeife.

Dem eigenen Schutz dient ein Lawinenairbag in einer Art Rucksack, den man auslösen kann, wenn man von Schnee erfasst wird. Er bläst sich dann auf und hält seinen Träger an der Oberfläche des Schnees. Ein mitgeführter Lawinenball an einer langen Schnur kann Helfer an der Schneeoberfläche auf das verschüttete Opfer aufmerksam machen.

Wird man tatsächlich von einer Lawine erfasst, sollte man versuchen, Skier und Stöcke loszuwerden. Falls man es schafft, die Hände vors Gesicht zu halten, kann man vielleicht eine Atemhöhle bilden. Nach Stillstand der Lawine gilt, so schwer es fällt: keine Panik! Kann man sich nicht ganz schnell an die Oberfläche arbeiten, sollte man diesen Versuch aufgeben, Kraft und Luft sparen und auf Retter warten.

Achtung: Helfer müssen darauf achten, Lawinenopfer nur ganz vorsichtig zu bewegen. Durch Lageveränderungen kann sich abgekühltes Blut aus Armen und Beinen nämlich mit wärmerem Blut aus dem Körperkern mischen, das führt zu tödlichem Herzversagen.

Was tun bei Erfrierungen?

- Keinen Schnaps!
  Auch keinen anderen
  Alkohol!
- Kein heißes Bad!
- Nicht reiben!

- Trockene Kleidung!
- Langsam aufwärmen!
- Lauwarmes Bad!
- Warmes Getränk!
- In Rettungsdecke hüllen,
  die silberne Seite nach innen!

Gipfel aktiv

Adler beobachten

Der Adler gilt in vielen Kulturen als Bote der Götter oder als Wappentier von Herrschern. Und genau das ist auch der Grund, warum der „König der Lüfte" als Beute jahrhundertelang begehrt war und fast ausgerottet wurde.

Eigentlich sind selbst Steinadler von Natur aus keine Bergbewohner. Sie könnten genauso gut im Flachland leben. Inzwischen haben sie sich allerdings fast überall in Europa in die Berge zurückgezogen. Nahrung finden die kräftigen, geschickten Flugkünstler hier nämlich reichlich. Sie ernähren sich überwiegend von Murmeltieren, können aber auch viel schwerere Beutetiere erlegen, zum Beispiel junge Gämsen. Und ihre Horste bauen sie auf Felsvorsprünge, die kein Mensch je erreicht.

Die mächtigen Vögel mit Spannweiten von bis zu zwei Metern beobachtet man deshalb am besten im Flug. Wenn man dabei auf ein paar charakteristische Merkmale achtet, verwechselt man sie nicht mit anderen großen Vögeln.

Typisch für Adler sind beispielsweise die handähnlichen Federn an den Flügelenden. Beim Kreisen im Segelflug sind ihre Schwingen außerdem leicht V-förmig angehoben. Ausgewachsene Tiere sind gold- bis dunkelbraun. Bis zu einem Alter von fünf Jahren besitzen Jungvögel noch weiße Partien an den Flügeln und am Schwanz. Der Gefiederwechsel in das Alterskleid dauert beim Steinadler fünf bis sieben Jahre. Von den im Hochgebirge ebenfalls vorkommenden Gänse- und Bartgeiern kann man die Adler beim Flug an der Form des Schwanzes unterscheiden, der beim Geier keilförmig oval, beim Adler fächerförmig ausgebreitet ist.

Und wenn man zwei Adler kreisen sieht, sollte man wissen: Bei Adlern sind die Weibchen größer als die Männchen.

Wanderfalke 100 cm

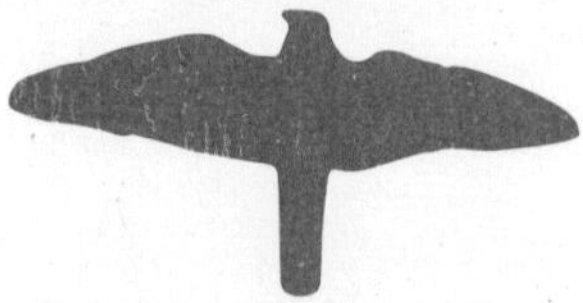

Kolkrabe 120 cm

Steinadler 220 cm

Gänsegeier 260 cm

Bartgeier 290 cm

Hüttenknigge

Hüttenwanderungen boomen, und die wenigen Betten in den oft urigen Quartieren sind in der kurzen Bergsaison meist schnell vergeben. Deswegen muss man unbedingt vor jeder Tour bei jedem anvisierten Übernachtungsort einen Schlafplatz reservieren und ihn natürlich auch absagen, falls die Tour dann doch nicht stattfindet.

Es gibt bei einer Hüttenwanderung noch weitere Regeln, die man vor der Tour kennen sollte, damit man sein Gepäck richtig packen kann. Diese Vorschriften klingen manchmal ein bisschen streng, aber alle haben einen guten Grund. Schließlich übernachten Sportlerinnen und Sportler in extremen Höhenlagen auf engstem Raum unter Extrembedingungen zusammen. Und keiner kann hier einfach gehen, wenn ihm etwas nicht passt. Auch die Arbeitsbedingungen der Hüttenwirte sind schwieriger als die von Hoteliers in Tallagen, denn alles, was angeboten werden kann, muss zunächst auf den Berg transportiert werden, und was nicht da ist, kann nicht einfach schnell geordert werden.

Das sollte man vor der Tour wissen:

Ob Hunde erlaubt sind oder nicht, muss unbedingt vorher geklärt werden. Allergiker können nicht mit Tieren im selben Raum schlafen, und draußen ist es für die vierbeinigen Begleiter in Höhenlagen viel zu kalt. Manche Hütten bieten extra Räume für Hundebesitzer an.

Achtung, Bargeld nicht vergessen! Auf vielen Hütten kann man nicht mit Karte zahlen, um den Hüttenwirten Bürokratie zu ersparen.

Die Schlafräume in den Hütten darf man grundsätzlich nicht mit Bergstiefeln betreten, weil die einfach zu dreckig sind. Deswegen braucht man Schlappen oder Hüttenschuhe.

Ein Picknick draußen in der Natur ist in Ordnung, aber in den Hütten wird Selbstversorgung nicht gern gesehen. Hüttenwirte leben schließlich von der Bewirtung. In den Zimmern darf man also nicht kochen oder essen.

Um Wäsche zu vermeiden, sind die Betten in Berghütten nicht bezogen. Man muss einen Hüttenschlafsack mitbringen. Das ist ein Überzug aus ganz dünnem Stoff, der in jeden Rucksack passt und in den man nachts schlüpfen kann.

Jeder muss seinen Abfall wieder mit ins Tal nehmen, denn eine Müllabfuhr gibt es auf dem Gipfel nicht.

Wolkenschlösser besuchen

Wer mühsam Meter um Meter erklimmt, ist abends froh, wenn er sein müdes Haupt irgendwo trocken und warm betten darf. Events oder Luxus sind da nicht wichtig, und spartanische Berghütten haben ihren ganz eigenen Charme.
Es gibt im Hochgebirge aber auch die Möglichkeit, aus einer Übernachtung ein Event zu machen. Dann fährt man mit Seil- oder Bergbahnen auf schwindelerregende Höhen und bucht Quartiere, die nächtliche Höhepunkte ganz besonderer Art bieten. Hier ein paar Tipps für Leute, die gern mal über den Dingen schweben:

Das höchste Berghotel Europas ist das Glacier Hotel Grawand in Südtirol. Das Dreisternehotel liegt im Schnalstal auf einer Höhe von 3200 Metern und ist umgeben von den Bergspitzen der Ötztaler Alpen. Egal ob Wintersport oder Gletschersommer, die umliegenden Dreitausender bieten bei klarer Sicht immer ein atemberaubendes Bergpanorama. Das Grawand ist nichts für den kleinen Geldbeutel, aber man bewegt sich hier auch noch nicht im Luxussegment. Achtung: Wer solche Höhen mit der Seilbahn schnell erklimmt und dort auch noch übernachtet, kann an Symptomen der Höhenkrankheit leiden. Das harmloseste: Schlaflosigkeit. Man sollte sich also ein gutes Buch mitnehmen.

Ein eiskaltes Erlebnis ist eine Übernachtung in einem der Igludörfer, die in den kalten Monaten an vielen Stellen im Hochgebirge aus Schnee und Eis erbaut werden, zum Beispiel in Zermatt am Gornergrat oder auf der Zugspitze. Man kann dort als Familie in Standard-Iglus übernachten, und zwar in warmen Expeditionsschlafsäcken. Paare buchen ein Romantik-Iglu und nächtigen auf Schaffellen in zusammengezippten Schlafsäcken. Und wer will, kann sich sein eisiges „Love Nest" sogar selbst aus Eisblöcken bauen.

Wer es kuschliger mag und Lust auf ein richtiges Wolkenschloss hat, kann auch das in den Bergen finden. Schloss Kranzbach in Oberbayern beispielsweise wurde von einer englischen Aristokratin erbaut und sieht daher aus wie ein englisches Schloss, obwohl es am Fuße der Zugspitze vor der Kulisse von Karwendel und Wetterstein steht (1040 Meter über dem Meer). Hier fühlt man sich trotz der Bergkulisse nicht wie Heidi, sondern eher wie eine Heldin in einem Roman von Rosamunde Pilcher. Das hat was, aber es hat natürlich auch seinen Preis.

Auch weit oben, aber nicht auf dem Gipfel, sondern im Baumeswipfel schläft man in einem Baumhaushotel. Die gibt es in luxuriös, mit Terrasse und Badewanne, oder in luftig. Träumen in Bäumen kann man zum Beispiel vor der Bergkulisse Pfrontens, entweder auf einer schlichten Plattform im Baum oder schwebend in einem „Portaledge“, einem am Seil schwebenden Hängebett. Wer es ganz extrem mag, kann beim selben Anbieter, dem Waldseilgarten Höllschlucht, auch eine Übernachtung in einem Bett an einer senkrechten Felswand buchen. Das ist aber nichts für Couchpotatoes. Man muss mit Gepäck zum Felsen wandern, aktiv beim Bettenbau helfen und sich dann zum Nachtlager abseilen. Schlafwandeln sollte man auch nicht …

Und zum Schluss:

Kurz und wahr

„Dem Himmel nah,
der Arbeit fern,
so hammas gern!“

Gipfelspruch,
Weisseck in Östereich

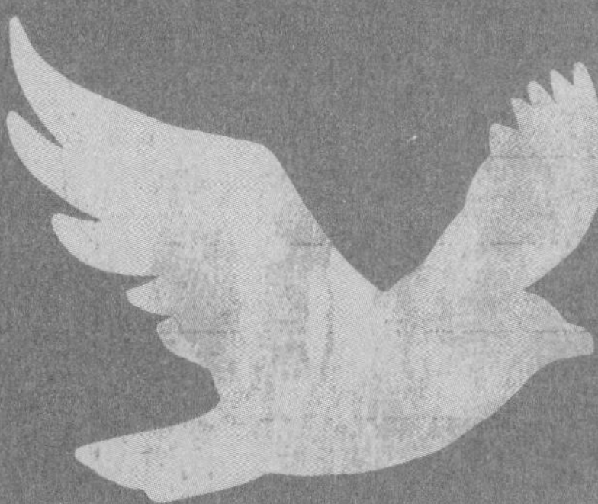

Danke!

Dieses Buch schien mir anfangs wie ein Berg, der steil und hoch vor mir aufragte. Aber auch hier war es wie bei Touren im Hochgebirge: Man braucht zur Unterstützung gute Begleiter, dann schafft man auch Hürden, die man sich selbst kaum zugetraut hätte.
Ohne meine Familie gäbe es dieses Buch nicht. An erster Stelle möchte ich hier meine beiden Töchter nennen, die daran mitgearbeitet und mir ihr Fachwissen zur Verfügung gestellt haben. Die eine studiert Forstwissenschaften, von ihr stammen Fakten über den Bergwald und die Wildtiere. Die andere, Physikstudentin, hat mich als Expertin bei Fragen rund um Luftdruck, Wasser und Bergentstehung unterstützt. Außerdem liebt sie Lamas.
Mein Mann hat mit mir unermüdlich Gipfel erklommen, dabei Fragen gestellt und mir geholfen, Antworten zu finden.
Meine Freundin Petra hat mir in einem beeindruckenden Experiment erklärt und vorgeführt, warum Gletschereis oft blau ist, und mir dabei sogar dazu verholfen, noch einmal in einem Physiksaal die Schulbank drücken zu dürfen.
Meine Lektorin Mareike Neukam hat schnell und kompetent Stolpersteine aus dem Weg geräumt.
Und die Illustratorin Lena Ellermann hat die Texte kreativ bebildert.

Allen sei aus ganzem Herzen gedankt!